水西·书系
SHUIXI SHUXI

一个人是千万人的出发点

祝贵耀 —— 著

诗话·诗案
——小学语文群诗
主题阅读 20 课

山西出版传媒集团　山西教育出版社

图书在版编目（CIP）数据

诗话·诗案：小学语文群诗主题阅读20课 / 祝贵耀著. — 太原：山西教育出版社，2022.7（2022.10重印）

ISBN 978-7-5703-2601-3

Ⅰ.①诗… Ⅱ.①祝… Ⅲ.①小学语文课—教学研究 Ⅳ.①G623.202

中国版本图书馆CIP数据核字（2022）第099399号

诗话·诗案——小学语文群诗主题阅读20课

SHIHUA·SHIAN——XIAOXUE YUWEN QUNSHI ZHUTI YUEDU 20 KE

责任编辑	李龙飞
复　　审	刘继安
终　　审	康　健
装帧设计	李　珍
印装监制	蔡　洁

出版发行	山西出版传媒集团·山西教育出版社
	（太原市水西门街馒头巷7号　电话：0351-4729801　邮编：030002）
印　　装	山西人民印刷有限责任公司
开　　本	720mm×1020mm　1/16
印　　张	12.5
字　　数	190千字
版　　次	2022年7月第1版　2022年10月山西第2次印刷
书　　号	ISBN 978-7-5703-2601-3
定　　价	42.00元

如发现印装质量问题，影响阅读，请与出版社联系调换。电话：0351-4729718。

序

  立德树人，以文化人，是语文课程的终极旨归。如何更好地以古诗词教学为载体，使学生认同中华文化，对中华文化的生命力充满信心，是摆在语文教师面前极为迫切的课题。

  以生为本，学为中心，是语文教育的基本规律。古诗词教学如何以学生生活为基础，以语文实践活动为主线，以学习主题为引领，以学习任务为载体，整合学习内容、情境、方法和资源等，实现古诗词教学的最优化，是摆在语文教师面前极具挑战性的课题。

  对此，贵耀以其教学勇气和实践智慧，做出了精彩回答。在基于古诗词的群诗主题教学研究领域，他筚路蓝缕、孜孜矻矻，进行了长达10多年的潜心实践与探索，取得了极具原创性的教学成果。

  贵耀曾经在我工作室跟岗进修半年，弹指间，已过去14个年头了。在工作室学习期间，我就能感受到他对诗歌教学的热爱。当时工作室到嘉善举办研讨活动，他执教《有的人》一课，给我留下极为深刻的印象。课堂上，贵耀以朗读的方式重构诗歌教学。整堂课，学生以不同形式、不同层次的朗读，感受诗歌真挚而浓烈的情感，发现诗歌层层复沓、处处对比的表现手法。这种洋溢着浓郁的感性色彩的诗歌教学样式，在当时无疑是一次极有创意的探索。

  之后的很长一段时间，贵耀潜心于古诗文的群诗群文主题阅读教学研究。我曾在多个现场听过他的《山野田园寻童去》《别，是一番滋味在心头》等课。课堂上，他聚焦一个话题组织教学内容，以一首古诗词带多首古诗词，或以相同主题为线索，或以相同题材为范围，或以相同作者为边界，或以相同手法为脉络，在互文比照、同中辨异的过程中，引领学生以更广的眼界、更厚的积淀、更新的视角，沉入诗境,感悟诗情,把握诗脉,挖掘诗韵,在感受古典诗词巨大魅力的同时,陶冶学生的高雅情操,培植学生的文化自信。

比如,在李白的《黄鹤楼送孟浩然之广陵》一课的群诗教学中,他创设了"所有的送别诗都是表达诗人的依依惜别之情吗"这一极具张力的问题情境,然后引入李白的四首送别诗作为主题探究内容,带领学生从诗歌的意象、意境、意蕴三维入手,感受送别诗的不同情感色彩,体悟李白强烈的浪漫主义创作风格,进而提升学生对送别诗的认知高度。

当然,这只是本书 20 个课例的一个缩影。全书所有课例,均以"诗话"加"诗案"的形式呈现。诗话,即古诗词的文本解读,它从课程与教学的角度反映了作者对诗歌、诗人、教师、学生、编者的精妙阐释;诗案,即古诗词的教学方案,它彰显了作者在"教学解读"基础上对群诗主题教学过程的精心设计。诗话与诗案,相得益彰,珠联璧合,足见贵耀这几年在群诗主题阅读教学中矢志不渝的探索、精益求精的践履和行稳致远的追求。

这样的研究,已经远远超越了常规的一首古诗词或者一组古诗词的教学模式。它以某个大主题贯通群诗的教学脉络,以大主题引领下的学习任务构建群诗的教学板块,以富有生活气息的情境创设群诗的教学场域,学生不仅学得主动,而且学得兴致勃勃;不仅学得有深度,而且学得个性飞扬。

众所周知,群诗主题阅读教学的枢纽在"主题"的确立、贯通与融合。在这方面的探索,贵耀最具原创意义的,便是"要素突破"这一群诗教学理念的落地。所谓"要素突破",就是力求以统编小学语文教科书中的单元语文要素为内核,在语文要素的"发现—感悟—习得"的过程中组织群诗主题教学,改变以往古诗词教学中忽视、悬置甚至扭曲单元语文要素的怪状。在贵耀看来,群诗主题教学完全可以跟语文要素建立起某种合乎逻辑的柔性联结。问题的症结不在有没有联结,而在如何联结。对此,贵耀的做法是:

第一,在单首古诗词的解读中,发现与单元语文要素相联结的端倪。语文要素是语文课程的基础知识、关键技能和重要习惯,在统编小学语文教科书的编排中,从三年级开始以显性方式出现,一般涉及阅读学习要素和习作学习要素。而在约定俗成的意义上,我们通常将阅读学习要素等同于语文要素。如五年级下册第四单元的语文要素是:"通过课文中动作、语言、神态的描写,体会人物的内心。"这个语文要素，落点在"体会人物的内心"，侧重于阅读内容的理解，给出的建议是"通过课文中动作、语言、神态的描写"。一般语文教师在教材解读时，往往会将编者给出的这个建议作为语文要素的关键加以把握，而容易忽视落点的意义和价值。这样解读的直接弊端，就是发现不了本单元中《古诗三首》跟语文要素之间相联结的端倪。因为，无论是王昌龄的《从军行》、陆游的《秋夜将晓出篱门迎凉有感》，还是杜甫的《闻官军收河南河北》，你都无法从古诗内容中找到诗人对"动作""语言""神态"的具体描写。即便如"遗民泪尽""白日放歌"这样的镜头，也必须将其作为诗歌意象并融入整体意境加以把握，而非简单地以所谓的神态、动作描写予以体会。但是，如果我们从落点的角度去审视，则无论是其中的哪一首古诗，都无不在抒发诗人强烈而真挚的内心情感。如《从军行》中保国安民的责任与担当，《秋夜将晓出篱门迎凉有感》中忧国忧民的渴盼与悲悯，《闻官军收河南河北》中重获太平的惊喜与激昂。为此，贵耀指出，若要达成"体会人物的内心"这一语文要素，就必须"不断敲击和叩问学生的内心，同时也不断敲击和叩问诗人的内心"。事实正如贵耀所指出的那样，一旦从"体会人物的内心"这一语文要素的最终落点着眼，本单元的三首古诗就能很自然地与语文要素之间建立起某种柔性联结。

第二，从单元语文要素的角度组织群诗主题教学，感悟其中所联结的语文要素。贵耀指出，群诗主题的确立，其角度是多维的。譬如"题材""主旨""作者""时代""风格""体裁"等等，自然也可以从"语文要素"的角度切入。但角度不是唯一的，更不是固定的。贵耀非常可贵的探索之处，在于他发现了群诗主题确立的"复合角度"。即从两个不同角度切入，在两个角度的交叉点上确立主题。如从"体会人物的内心"这一语文要素的角度切入，王昌龄的《从军行》、陆游的《秋夜将晓出篱门迎凉有感》、杜甫的《闻官军收河南河北》这三首古诗，都符合入选条件。但这只是一个角度，在贵耀的研究中，还同时引入另一个角度，即"作者"的角度，如同为杜甫的诗歌，教材中就有《绝句（一）》《绝句（二）》《闻官军收河南河北》《江畔独步寻花》《春夜喜雨》等。将两个角度叠加起来，就形成一个交叉点，即：杜甫诗中人物内心的体会。根据这一交叉点（新角度），贵耀选择了《闻官军收河南河北》与《春夜喜雨》这两首诗歌。其选择的标准便是这两首诗在"情感逻辑"（内心）上的一脉相承与秘响旁通。诚如贵耀所说："闻春雨之'喜'，是一种期盼，一种希望；闻收蓟北之'喜'，是一种奔赴，一种共享"。这样的群诗主题教学的实践探索，无疑为语文要素的落地开辟了一条富有文化意蕴的路径。

第三，在群诗主题教学的拓展融合中，进一步强化跟语文要素的联结，并最终习得单元语文要素。贵耀指出，"语文要素不是一种静止的、孤立的存在"。事实上，古诗教学同样不是一种静止的、孤立的存在。语文要素的终极指向在"文化自信""语言运用""思维能力""审美创造"上，即语文核心素养上；同理，古诗教学的价值守望也在"文化自信""语言运用""思维能力""审美创造"上，即语文核心素养上。这就要求我们，以一种更加开阔的视角、更具弹性的思考，去审视与把握单元语文要素，去挖掘古诗教学的课程意蕴。还以五年级下册第四单元为例，从一个低纬度上审视，"家国情怀"属于人文主题，"体会人物内心"属于语文要素。如果我们能提高站位，从语文核心素养的角度审视，则"体会人物内心"就是要体会其内心的"家国情怀"，而"家国情怀"只有通过体会一个一个的"人物内心"才能确认，两者在"文化自信"这一高度上完全可以融为一体。于是，王昌龄的《从军行》《出塞》、陆游的《秋夜将晓出篱门迎凉有感》《示儿》、杜甫的《闻官军收河南河北》《春夜喜雨》等，就可以构成一个多维交互、立体联结的古诗群落，它们统一于"家国情怀"这一宏大的文化语境中。浸润在这样的群诗教学场域，学生不仅能习得单元语文要素——"体会人物的内心"，更能因此确立对民族、对祖国的文化自信。

我以为，贵耀这一极具原创意义的实践探索，不仅有助于我们深化对语文要素的解读与落实，也有助于我们强化对群诗主题的确立与整合，更有助于我们优化对语文课程核心素养的把握与建构。如其所言，让学生"在适合的时候，读适合的诗；在有趣的时候，有趣地读诗"，最终在经典诗词的滋养下，成就他们的诗意人生。

是为序。

王崧舟

2022年3月22日

目 录

第1课　刘禹锡《望洞庭》
[诗话] 洞庭遥望——读刘禹锡《望洞庭》言及雍陶《题君山》
.... 001
[诗案] 望见那一个湖——三年级上册刘禹锡《望洞庭》教学设计
.... 004

第2课　苏轼《题西林壁》
[诗话] 庐山真面——读苏轼《题西林壁》与李白《望庐山瀑布》
.... 008
[诗案] 观庐山风光　识真面三昧——四年级上册苏轼《题西林壁》教学设计 012

第3课　王昌龄《芙蓉楼送辛渐》
[诗话] 冰心一片——读王昌龄《芙蓉楼送辛渐》等诗四首 015
[诗案] 芙蓉楼畔楚山孤　玉壶冰心今犹在——四年级下册王昌龄《芙蓉楼送辛渐》教学设计 018

第4课　王冕《墨梅》
[诗话] 梅花非花——读王冕《墨梅》等咏梅诗三首 023
[诗案] 暗香疏影　清气乾坤——四年级下册王冕《墨梅》教学设计
.... 026

第5课　陆游《示儿》
[诗话] 秋夜将晓——读陆游《示儿》《秋夜将晓出篱门迎凉有感》
.... 030
[诗案] 亘古男儿一放翁——五年级上册陆游《示儿》教学设计
.... 034

第 6 课　王维《山居秋暝》

［诗话］又见空山——读王维《山居秋暝》……………… 037

［诗案］空山有"动静"　心中有"诗画"——五年级上册王维《山居秋暝》教学设计 ……………… 040

第 7 课　张志和《渔歌子》

［诗话］回味垂钓——读张志和《渔歌子》……………… 045

［诗案］妙趣无穷一钓竿——五年级上册张志和《渔歌子》教学设计 ……………… 049

第 8 课　范成大《四时田园杂兴》

［诗话］田园寻童——读范成大《四时田园杂兴》……………… 054

［诗案］山野田园寻童去——五年级下册范成大《四时田园杂兴》（其三十一）教学设计 ……………… 057

第 9 课　杨万里《稚子弄冰》

［诗话］稚子奇思——读杨万里《稚子弄冰》与《舟过安仁》 ……………… 060

［诗案］常怀一颗童心，未泯——五年级下册杨万里《稚子弄冰》教学设计 ……………… 063

第 10 课　王昌龄《从军行》

［诗话］边关玉门——读王昌龄《从军行》与王之涣《凉州词》 ……………… 067

［诗案］一人一塞"玉门关"　一片冰心在玉壶——五年级下册王昌龄《从军行》教学设计 ……………… 069

第 11 课　李白《黄鹤楼送孟浩然之广陵》

［诗话］踏歌岸上——读李白《赠汪伦》等送别诗四首 ……………… 074

［诗案］别，是一番滋味在心头——五年级下册李白《黄鹤楼送孟浩然之广陵》教学设计 ……………… 077

第12课　孟浩然《宿建德江》
　　[诗话] 江月近人——读孟浩然《宿建德江》与《自洛之越》………… 081
　　[诗案] 一轮明月，几多愁思——六年级上册孟浩然《宿建德江》教学设计
　　　　　………… 083

第13课　刘禹锡《浪淘沙》
　　[诗话] 九曲黄河——读刘禹锡《浪淘沙》与王之涣《凉州词》
　　　　　………… 088
　　[诗案] 自天而来　向天而去——六年级上册刘禹锡《浪淘沙》教学设计
　　　　　………… 091

第14课　贺知章《回乡偶书》
　　[诗话] 镜湖垂柳——读贺知章《回乡偶书》《咏柳》………… 095
　　[诗案] 诗人的心：一树碧玉一镜湖——六年级上册贺知章《回乡偶书》
　　　　　教学设计 ………… 099

第15课　杜牧《江南春》
　　[诗话] 烟雨江南——读杜牧《江南春》等"江南"诗三首 ………… 103
　　[诗案] 朦胧的江南朦胧的你——六年级上册杜牧《江南春》教学设计
　　　　　………… 107

第16课　白居易《忆江南》
　　[诗话] 醉美西湖——读白居易《忆江南》和苏轼《饮湖上初晴后雨》
　　　　　………… 111
　　[诗案] 一个湖上两道堤——六年级上册白居易《忆江南》教学设计
　　　　　………… 115

第17课　郑燮《竹石》
　　[诗话] 竹风拂心——读郑燮《竹石》………… 120
　　[诗案] 一枝一叶总关情　一笔一画传文化——六年级下册郑燮《竹石》
　　　　　项目式学习教学设计 ………… 122

第 18 课　黄庭坚《清平乐》

[诗话] 春归何处——读黄庭坚《清平乐》和王观《卜算子·送鲍浩然之浙东》………… 128

[诗案] 眉眼盈盈和春住——六年级下册黄庭坚《清平乐》教学设计
………… 131

第 19 课　杜甫《春夜喜雨》

[诗话] 春雨滋味——读杜甫《春夜喜雨》………… 135

[诗案] 好雨·小雨·朝雨：一场春雨千般"润"——六年级下册杜甫《春夜喜雨》教学设计 ………… 138

第 20 课　范仲淹《江上渔者》

[诗话] 江上渔者——读范仲淹《江上渔者》与梅尧臣《陶者》
………… 143

[诗案] 渔者·陶者·蚕者：乐以天下，忧以天下——六年级下册范仲淹《江上渔者》教学设计 ………… 145

附录 1：
寻"意"而读：群诗主题教学策略浅说——以李白《赠汪伦》等四首送别诗为例 ………… 150

附录 2：
群诗主题阅读教学内容"三取"与"三不取"——以统编教材五年级下册《古诗三首》为例 ………… 158

附录 3：
基于语文要素突破的群诗主题阅读策略谈——以统编教材五年级下册第四单元《古诗三首》为例 ………… 165

附录 4：
统编教材三至六年级古诗词教学"语文要素"一览 ………… 174

第 1 课　刘禹锡《望洞庭》

[诗话]

洞　庭　遥　望

——读刘禹锡《望洞庭》言及雍陶《题君山》

　　他是那个"自古逢秋悲寂寥，我言秋日胜春朝"的朗州（今湖南常德）司马；他是那个"玄都观里桃千树，尽是刘郎去后栽"的连州（今广东省西北部）刺史。他就是唐代诗人刘禹锡。他一生被贬23年，却达人知命，笑看人生，以铮铮风骨，成为一个时代高亢的歌者，其好友白居易称其为"诗豪"。

　　她是孟浩然笔下的水天一色——"八月湖水平，涵虚混太清"；她是李白笔下的水光接天——"南湖秋水夜无烟，耐可乘流直上天"。她就是被誉为五湖之首的"八百里洞庭"。湖面一望无际，湖上烟波浩渺，泛舟湖上，恍如仙境，引人遐想无限。

　　又是一个八月，诗人刘禹锡从夔州（今重庆奉节）转任和州（古时称历阳，今安徽和县），途经洞庭，被这一湖秋水、一轮秋月勾住了脚步，作诗《望洞庭》

一首。此诗入选统编教材三年级上册第六单元。诗曰：

    湖光秋月两相和，潭面无风镜未磨。

    遥望洞庭山水翠，白银盘里一青螺。

  初读此诗，多数人都会惊异于诗结尾处的这一比——将洞庭山比作青螺。听说过把山比作"蓬莱仙境"的："到岸请君回首望，蓬莱宫在海中央"（《西湖晚归回望孤山寺赠诸客》白居易），也有言山之高大直插云天的："三万里河东入海，五千仞岳上摩天"（《秋夜将晓出篱门迎凉有感》陆游），却不曾听说过山似一颗青螺，如果反过来说这青螺就像一座山峰，倒不觉怪异了。因为"由小喻大"是常用的诗歌修辞格式，成为读者普遍接受的诗歌美学。"由大喻小"却不那么多见，少见自然多怪。那么，我们不妨走近洞庭，走进诗里，仔细体悟一下。

  洞庭山也叫君山，关于君山有许多美丽动人的神话传说。《山海经·中山经》中说"又东南一百二十里，曰洞庭之山……帝之二女居之，是常游于江渊"。鲁迅先生在《中国小说史略》的《第六篇六朝之鬼神志怪书（下）》这样描述："洞庭山浮于水上，其下有金堂数百间，玉女居之，四时闻金石丝竹之声，彻于山顶。"可见，洞庭山自古以来是天下"仙山"。

  今天我们去君山风景名胜区游览，你能看见许多昨日传说的踪影，如湘君园、斑竹、二妃墓、柳毅井等。但是，就此我们依然无法理解诗人"青螺"的奇思异想。若是你问导游君山七十二峰的由来，或许还能寻得蛛丝马迹。导游会侃侃而谈：传说从前洞庭湖中并没有岛，每当狂风大作、白浪滔天时，来往船只无处停靠，常被恶浪吞没，当地百姓苦不堪言。湖里住着七十二个仙螺姑娘，她们非常同情百姓遭遇，忍痛脱下身上的螺壳（这像不像安徒生童话里美人鱼为了心爱的王子褪去了自己美丽的尾巴，失去了美妙的歌声），结成一个个小岛，后来连在一起，就成了今天的君山。君山上的七十二峰，就是七十二位仙螺姑娘变成的，那些美丽的名字"翠螺峰""碧螺峰""黛螺峰"……一直流传至今。是先有这个美丽的传说，还是先有诗豪"白银盘里一青螺"的妙喻？我们无法得知。不过，晚唐有一位诗人雍陶，他比刘禹锡小二十来岁，写过一首七言绝句《题君山》。诗曰：

    烟波不动影沉沉，碧色全无翠色深。

疑是水仙梳洗处，一螺青黛镜中心。

诗人的这幅写意山水画，以描绘君山倒影入手：只见君山涵映水中的倒影，深翠凝重。首句"烟波不动"四字，既为全诗意境埋下伏笔，同时也达到了"抑水扬山"的艺术效果。这"烟波不动"与刘禹锡的"潭面无风"可谓是有异曲同工之妙！诗的三、四句，诗人说这洞庭君山大概是水中女仙居住梳洗的地方吧，这水中倒影的君山，就像镜中女仙青色的螺髻啊！简短两句就把君山的秀美和神话传说巧妙相融。

两位诗人，一个把浩瀚无边的洞庭湖看作是一个银盘，那湖中美而神秘的君山，不过是一只小小的螺壳，乃举重若轻也；一个将"舜妃湘君姊妹化为湘水女神"的神话融合在湖山之中，君山深翠的倒影成了秀美的螺髻，乃化实为虚也。五代时期的何光远在其《鉴诫录》中这样评点两诗："刘（禹锡）尚书有《望洞庭》之句，雍使君陶有《咏君山》之诗，其如作者之才，往往暗合。"两人妙作"暗合"，却给我们理解"青螺"开了一扇窗。

解答了"青螺"之惑，再来回读刘禹锡的《望洞庭》，品一品诗人所"望"何得？"湖光秋月两相和，潭面无风镜未磨。"一望，秋水与秋月辉映，湖面披上了一层清辉；再望，湖面澄净，犹如未经磨拭的铜镜。如此空明意境可全凭"无风"二字，若是遇上"风乍起，吹皱一池春水"（冯延巳《谒金门》），或是遇上"黑云翻墨未遮山，白雨跳珠乱入船"（苏轼《六月二十七日望湖楼醉书》），湖光和秋月就无法相映成趣了。当然，怕就怕"太湖水，洞庭山，狂风浪里且须还"（张松龄《渔父》），那就更无"两相和"一说啦！"遥望洞庭山水翠，白银盘里一青螺。"三望，湖面一碧，君山一翠，皓月辉映，山水浑然一体；四望，湖是银盘，晶莹剔透，山是青螺，玲珑精巧。水天一色的洞庭秋夜，空灵、缥缈、宁静、和谐，诗人也被融化于其境。笔者不禁想问一句，诗人这是在何处"遥望"啊？应该是一个高台吧，莫非是与八百里洞庭遥遥相对的千古名楼——岳阳楼吗？当然，这只是一种臆测。决定作者眼界的一定是作者的心境，只有心达到了这样视大为小、举重若轻的境界，才能表现出如此壮阔不凡的气度和高卓清奇的情致，才有"白银盘里一青螺"的"匪夷所思"。借用《宋史·岳飞传》的话，那就是"运用之妙，存乎一心"!

纵览全诗,"和"其妙哉!妙哉,湖光与秋月"和",银盘与青螺"和";妙哉,洞庭与君山"和",诗人与洞庭"和"!

[诗案]

望见那一个湖

——三年级上册刘禹锡《望洞庭》教学设计

【教学目标】

1. 有感情地朗读《望洞庭》,通过"四望"洞庭的对话,丰富心中洞庭之美,激发对洞庭山水的热爱之情。

2. 通过对比联读、回环诵读,体会诗中"两相和"的特殊意蕴。

【教学预设】

第一板块:打开地图,遇见一个"湖"

1. 打开地图,导航定位"西湖",诵读《饮湖上初晴后雨》,感受"总相宜"。

2. 打开地图,导航定位"洞庭湖",聊读唐人笔下洞庭湖诗句,了解洞庭湖。

预设:

(1)洞庭湖曾经是中国最大的淡水湖,孟浩然曾作五言律诗《望洞庭湖赠张丞相》。诗的前四句这样写:

八月湖水平,涵虚混太清。气蒸云梦泽,波撼岳阳城。

(2)洞庭湖自古以来就是风景名胜,湖畔岳阳楼更是江南三大名楼之一。杜甫曾登楼赋诗,写下五言绝唱《登岳阳楼》。诗的前四句这样写:

昔闻洞庭水,今上岳阳楼。吴楚东南坼,乾坤日夜浮。

(3)洞庭湖是一个充满诗意的湖,诗仙李白曾与好友共游洞庭,写下《游洞庭五首》,以其二最为脍炙人口,句句透着仙气。诗曰:

南湖秋水夜无烟，耐可乘流直上天？且就洞庭赊月色，将船买酒白云边。

3. 联系学生课前查询资料，结合上述诗句阅读，说说洞庭湖带给自己的感受。

4. 以单元人文主题"我爱你壮美的山河"作板块小结，揭题导入。

[设计意图] 课堂以导航定位、网上游览的方式打开一个"湖"，顺势切入本单元人文主题"祖国，我爱你。我爱你每一寸土地，我爱你壮美的山河"，营造诗意和人文共舞的课堂学习场。在本板块中，先通过诵读再现苏轼的《饮湖上初晴后雨》，紧扣诗眼"总相宜"，感受西湖之美；再通过聊读三位唐代大诗人笔下与洞庭湖相关的诗句，进而了解洞庭湖，感受洞庭湖的悠悠历史、漫漫诗意，把"借助资料了解背景"做得更有语文味。

第二板块：遥望洞庭，品鉴一个"湖"

1. 自由读诗，读准生字。如后鼻音的字"庭"、多音字"磨"等。

2. 指名读诗，师生对读，读出节奏。

3. 四望洞庭，读好诗境。

（1）一望：湖光秋月两相和

望洞庭，你望见了什么？教师随机简笔画——湖光、秋月，学生展开想象——望见怎样的湖光、怎样的秋月？朗读，读好"两相和"。

（2）二望：潭面无风镜未磨

望洞庭，你望见了什么？教师随机追问——要是微风乍起，你会望见怎样的景象呢？要是狂风大作，你又会望见怎样的景象呢？朗读，读好"无风"。

（3）三望：遥望洞庭山水翠

望洞庭，你望见了什么？邀请学生简笔画——湖中君山，学生展开想象——望见怎样的山？朗读，读好"山水翠"。

（4）四望：白银盘里一青螺

望洞庭，你望见了什么？邀请学生简笔画——一青螺。教师随机追问——要是微风乍起，有青云遮月，你还会觉得是"白银盘里一青螺"吗？要是狂风大作，有乌云吞月，你还会觉得是"白银盘里一青螺"吗？朗读，读好"一青螺"。

4. 以回顾板书作板块小结，设疑激趣。

设疑：无论是眼中所见，还是心中所见，最令你费解的是哪一种景象呢？

[设计意图] 对于诗歌而言，最好的，也是最简单有效的教学策略是——读！现代散文家、语文教育家朱自清先生就曾极力倡导"读"。他说："读的用处最大，语文教学上应该特别注重它。"本板块的学习从读准起，直至慢慢读好。在这个过程中，通过朗读、追问、想象、绘画等方式，不断感受诗人遥望洞庭之诗境。以读代讲，是诗歌教学的不二法门。

第三板块：互文联读，浅笺一个"湖"

1. 引疑，提出合作学习任务。为何诗人把一座高高耸立的君山，比作一颗微不足道的螺呢？请你打开学习单，同桌两人先各自寻找诗人如此比喻的奥秘，再分享交流。

2. 交流，汇报合作学习成果。

预设：

（1）闻说君山自古无：读了方干的《题君山》，你知道君山从何而来呢？教师相机补充"洞庭七十二峰"的传说故事。

（2）一螺青黛镜中心：读了雍陶的《题君山》，你知道了这"青螺"除了如注释所说"青绿色的螺"，还有可能是什么呢？两者的共同之处在哪儿呢？

3. 联读，体味"两相和"之神韵。

预设：

（1）这八百里洞庭的"湖光"，若是没有这一轮秋月，可好？朗读"湖光秋月两相和"；

（2）这八百里洞庭的"湖光"，若是没有这一颗青螺，可好？朗读"_____两相和"；

（3）这八百里洞庭的"湖光"，若是没有这一代诗人，可好？朗读"_____两相和"。

4. 以诵读全诗作板块小结，回扣单元人文主题。

预设：

洞庭，我爱你。我爱你_____，我爱你_____。

[设计意图] 群诗主题阅读之"群诗"是教师课程资源"二度开发"的智慧体现，也是学生课堂学习主题升华的关键因素。围绕主题，选两首《题君山》，通过互文比读、故事听读，师生一起在朗读体验、思辨对话的过程中为洞庭湖静美写"注"，为诗人的妙笔写"注"。再紧扣"和"字，展开回环联读，在"举三反一"中体味"两相和"之意蕴，实现单元语文要素——"借助关键语句理解一段话的意思"在诗词阅读教学中的突破。抓一词之神韵，窥一诗之神韵。最后，回扣单元人文主题，在替代、创编中落实言语实践，丰富情感体验。此板块意在实现言、意、情三者兼得之效！

第四板块：想象画读，再见一个"湖"

1. 谈话创设情境，观赏一段洞庭湖的微视频——CCTV"直播中国"古诗词里看中国之"洞庭湖"。

2. 小组合作完成拓展任务：完成"遥望洞庭"项目化学习成果展示，成果需三人以上合作完成，成果围绕一个关键词，内容至少包含一首诗、一幅画、一段解说词。

[设计意图] 在这个板块中，引导学生从刘禹锡的诗境中走出来，换个角度再看洞庭，又会有不一样的美的体验。课后的"拓展任务"把一首诗引向一个精微的项目化学习，让学生感知大单元学习的魅力。通过这样多元的诗歌阅读实践，让学生从一个单一的阅读接受者，走向一个由学习共同体介入的阅读创造者。

如此孜孜以学，学生的诗歌阅读指向更明，思维内涵更深，文化获得更加自信。诗歌、诗人、学生间将获得一种妙不可言的"和"的境界！

第 2 课　苏轼《题西林壁》

[诗话]

庐山真面

——读苏轼《题西林壁》与李白《望庐山瀑布》

　　说到"庐山真面",大概脑海中会出现这样的问题:什么是庐山真面?怎样见到庐山真面?另外,既然有"庐山真面",莫非还有"假面庐山"吗?这些问题的背后,将见到一个真正的庐山。那就跟着诗歌开启庐山之旅吧!

　　在庐山,你俯首所拾不是一片片落叶,而是一个个字;你昂首所见不是一片片云彩,而是一首首诗。历朝历代的文人墨客游览庐山,留下了数不胜数的赞美诗篇和不朽作品。称庐山是一座"诗山",一点也不为过。在统编教材二年级上册,学生读到了"诗仙"李白的《望庐山瀑布》。诗曰:

　　　　日照香炉生紫烟,遥看瀑布挂前川。

　　　　飞流直下三千尺,疑是银河落九天。

这首脍炙人口的描写庐山瀑布的诗，让很多人先认识、先记住了庐山的瀑布，其次才是瀑布所挂的庐山。那么是什么让这一首诗成为庐山瀑布的名片呢？我们不妨穿越千年，跟着诗人李白再望瀑布，再登庐山。

《望庐山瀑布》是李白第一次登庐山时留下的千古绝句，那一年他才26岁，刚开始他仗剑去国的游历生涯。诗共有二首，这是其二。对于描写自然景物美文的阅读，统编教材四年级上册第一单元语文要素的"提示"是"边读边想象画面，感受自然之美"。我们不妨换个角度，逆向思考——从创作者的实际出发，李白观庐山瀑布则需要"边观察边想象画面，表达自然之美"。沿着这样的创作路径，我们细细品读，去发现李白是如何"边观察边想象"，表现庐山瀑布之美的。

首先，从"遥看"一词可知李白远远地看见了庐山飞瀑，也正因为诗人是站在远处所见，所以这瀑布才如静止一般。王崧舟老师在解读这一首诗时说："诗中一个'挂'字，把动态的瀑布变成了静态的瀑布。"此处的化动为静，如有神助，笔力千钧——全在一个"挂"字上，诗人看见的就是一幅"画"！

紧接着一个"飞流"，让刚刚还是静止的瀑布又飞泻而下。这或是诗人稍稍走近之后，只见瀑布穿过那紫色的云烟——"日照香炉生紫烟"，笔直地倾泻而下，如临仙境。于是，那无比神幻的、极具李氏浪漫风格的想象与夸张就自然喷薄而出——"疑是银河落九天"，把庐山瀑布推向了极致，成为天下第一美瀑。"三千尺"的"九天"直下，是李氏最爱的数字夸张，还有"三千丈"白发（《秋浦歌》）、"深千尺"的桃花潭（《赠汪伦》）、"高百尺"的危楼（《夜宿山寺》）等。这两句千古名句，既合乎诗人现实所见，也合乎其想象投射。而启动现实与想象平衡之钮的则是一个"疑"字，似"疑"，非疑；非"疑"，是疑！李白喜用也善用"疑"字：小时望月，他说"又疑瑶台镜"；中年思乡，他说"疑是地上霜"……

一首《望庐山瀑布》带着读者在文字之间边读边想，看见了庐山瀑布雄奇之美，也看见了诗人李白率真自在之美。驻足庐山观瀑的诗人不计其数，除了李白，唐代的徐凝、张九龄、孟浩然等诗人都有佳作流传。如果可以观尽庐山瀑布，是不是可以观得"庐山真面"呢？

李白一生先后五次来到庐山，写下诗词40余篇。"五岳寻仙不辞远，一生好入名山游"就出自他的《庐山谣寄卢侍御虚舟》一诗。"好为庐山谣，兴因庐山发"不知诗仙又是否能读懂"庐山真面"呢？

相距李白三百多年之后，这个疑问终于得到了解答。答案如下：

横看成岭侧成峰，远近高低各不同。

不识庐山真面目，只缘身在此山中。

这是北宋大文学家、大书法家、大思想家苏轼的《题西林壁》，选入统编教材四年级上册的第三单元。林语堂说苏东坡是一个不可救药的乐天派。还真是如此。宋元丰二年（1079年），苏轼遭遇"乌台诗案"，险些丢了性命。在诸多好友的力挽之下，一道圣谕"检校尚书水部员外郎黄州团练副使本州安置"，他才算幸免一死。元丰七年（1084年），苏轼由黄州（今湖北黄冈）贬所改迁汝州（今河南临汝）团练副使，途中经过九江，友人参寥邀他同游庐山。出发前他曾告诫自己，此行路上少言寡语，绝不写诗，以免惹祸端。可一入庐山之后，在庐山山水、云雾、朋友的触发下，他一口气写了七首诗。这一首《题西林壁》是诗人饱览庐山风景十多天之后的一次顿悟。后世评价这是一首哲理诗、说理诗，《中国文学史》说此诗的"理"是"局外人有时会比局中人更容易看到事物的真相"，《宋人七绝选》则评价此诗反映"当局者迷，旁观者清"的哲理。

那么，苏轼是如何说理的呢？王崧舟老师在《爱上语文》中说："这首诗的美学思维，就是'以境显理'，通过造境来传达哲理，是典型的禅的思维。""以境显理"，试问"境"在何处呢？这"境"是"横看成岭侧成峰，远近高低各不同"的所见，这"境"也是"可怪深山里，人人识故侯"的所遇。

所见，是诗人在经历了十多日"连续细致的观察"之后的高度概括——"各不同"。至于具体的不同之处，都在"横""侧""远""近""高""低"，这六个方位词里了，需要读者自己跳进诗里"边读边想象"，或是跳进庐山之中也来一个"深度游"，慢慢品味。

所遇，是诗人在经历了人生的大起大落之后彻底顿悟——"成岭""成峰"。至于是"岭"还是"峰"，可全在看的人所站的角度，这就是人生之境。只要你的心中有一个"庐山"，就无须牵绊于他人如何看"庐山"。如果从自己的"庐山"中走出来，那么他人的"庐山"，就留给他人自己去看吧！

如此，"以境显理"之"理"就浑然天成了——"不识庐山真面目，只缘身在此山中"。若是"身"不在山中，若是"心"不为山困，就自然识得"真面"，实现心灵的超拔，苏轼做到了！

跳出庐山看庐山，跳出自己看自己。还记得朱熹说"等闲识得东风面，万紫千红总是春"吗？从这个角度讲，庐山真面未尝不可"等闲识得"呢？季羡林先生在登庐山之后，这样描述：

庐山千姿百态，很难用一个字或几个字来概括。但是，总起来说，庐山给我的印象同泰山和黄山迥乎不同。在这里，不管是远山，还是近岭，无不长满了松柏。杉树更是特别郁郁葱葱，尖尖的树顶直刺云天。目光所到之处，总是绿，绿，绿，几乎看不到任何别的颜色，是一片浓绿的天地，一片浓绿的大洋。从审美的角度来看，我也想用两个字来概括庐山，这就是：秀润。

这是季老的"庐山真面"。每个人心中都有一座自己的"庐山"，白居易的庐山在大林寺，他说"长恨春归无觅处，不知转入此中来"；"陶令不知何处去，桃花源里可耕田"，这是一代伟人毛泽东的庐山。

古老的庐山，如今不但是千古名山，也是一座有"万国建筑博物馆"——庐山现存的各个国家风格的老别墅有660多栋——美誉的"世界文化景观"。春天的庐山，云雾缭绕，有时隐时现的朦胧美；夏天的庐山，密林沛雨，有苍翠欲滴的柔和美；秋天的庐山，红枫绿海，有天地朗朗的浪漫美；冬天的庐山，银装玉砌，有轻盈绮丽的婉约美。

于是乎，我们只能发出如此感慨："要识庐山面，他年是故人！"

[诗案]

观庐山风光　识真面三味

——四年级上册苏轼《题西林壁》教学设计

【教学目标】

1. 认识生字"缘",了解"题""缘"的意思,会写"题""侧"等5个生字。了解庐山、西林寺。

2. 有感情地朗读全诗,通过诗中描写体会诗人观察景物时所见所思。背诵并默写《题西林壁》。

3. 借助诗与诗、诗与文的互文参读和拓展研读,感悟诗中蕴含的哲理,思考"真面目"之含义。

【教学预设】

第一板块:还原,初见"庐山真面目"

1. 你有没有去过庐山呢?如果假日里你到庐山游玩,你会写些什么呢?

预设一:庐山的水。重读唐诗《望庐山瀑布》(统编小学语文教材二年级上册)。

预设二:庐山的云雾。素读散文《庐山云雾》(节选)。

预设三:庐山的花。重读唐诗《大林寺桃花》(统编小学语文教材三年级下册)。

2. 庐山是风景名胜,庐山是中华名山。大名鼎鼎的诗人苏轼来到庐山游玩,他会怎样写庐山呢?初读全诗。

3. 从诗的题目上看,你发现了什么?对比《望庐山瀑布》《大林寺桃花》的诗题,发现"题壁诗"的秘密,借助注释了解"题"的意思。

[设计意图] 这是一个聚焦风景名胜的主题阅读,也将是一次具有思辨意义的诗意之旅。在此板块中,从儿童自己的视角,唤起对庐山的生活记忆、阅读记忆。这里有儿童极为熟悉的庐山水、庐山花,也有儿童相对陌生的庐山云雾。也恰恰是《庐山云雾》(节选)的引入,突破了"以诗读诗"的教学策略,形成了儿童认知的新碰撞。更为重要的是,这个环节其实也埋下了"不识庐山真面目"

的伏笔：庐山的美，是多样的，是多变的。另外，值得一提的是两首描写庐山的诗，还有诗题比读同中见异的作用，发现"题壁诗"的命题特征。

第二板块：想象，品读"庐山真面目"

1. 自读古诗，初步感知。生读诗，随机正音。

2. 读"横看成岭侧成峰，远近高低各不同"，想象庐山的雄奇壮观。

（1）朗读诗句。

（2）你发现诗人是从哪些角度欣赏庐山美景的呢？（横看、侧看、远看、近看、高处俯瞰、低处仰望）

（3）想象对话。

3. 从这些不同的角度，诗人看到的庐山景象是怎样的呢？（千姿百态，各不相同）

[设计意图]　在这个过程中，从"横""侧""远""近""高""低"等六个视角展开想象，引导学生从不同的角度欣赏庐山美景。通过设置图式表达支架，丰富语言表达实践，把诗中"无"转化成眼前"有"，引领学生看见"庐山真面目"。

第三板块：思辨，不识"庐山真面目"

1. 读"不识庐山真面目，只缘身在此山中"，你觉得诗人只是在写庐山的山景吗？

（1）朗读诗句。

（2）小组讨论，用假设法思辨，借助思维导图，形成结论。

2. 指名朗读全诗。思考：诗人借庐山游览所见，想要表达什么呢？（表达一份感悟，一种思考——当局者迷，旁观者清；要想全面认清一个事物，必须全面地、客观地、多角度观察。）

3. 联系生活，说说曾经遇见的"不识庐山真面目"的经历。

[设计意图]　诗人怎么写，我们就怎么读。在经历了"观景"之后，诗人笔锋一转写下了自己的感受——哲理。于是自然抛出一问：你觉得诗人只是在写庐山的山景吗？学贵有疑，希望这样的疑问可以激起儿童的争辩；理在辩中明，希望提供的思维支架，可以让学生学会假设性逻辑思维方法，同时让学生可以看见"题西林壁"所题并非风景，事实上诗中也没写风景，而是宣扬一种人生哲理，

传递一种人生感悟。

如果更深层次地对话诗人，或许还能见到一个更大的悖论。即诗人明明说"各不同"，也就是说诗人已经通过不同角度的观察见到了"真面目"，可他却说"不识庐山真面目"。那么你觉得诗人见到"真面目"了？一堂具有思辨性的诗歌阅读课需要不断地"发现问题—界定问题—解决问题"，最终实现学生的自我"良构问题"。这个过程也体现了"深度学习并不是从传递特定知识内容的教科书开始，而是从揭示问题开始的"理念。

第四板块：延读，识得"庐山真面目"

1. 小组表演。根据提供的短剧本，四人小组分角色，先补充台词，然后演一演。

2. 读季羡林《登庐山》（节选）中的小诗："近浓远淡绿重重，峰横岭斜青蒙蒙，识得庐山真面目，只缘身在此山中。"提问：你有什么问题吗？

3. 推荐阅读季羡林《登庐山》（节选），体会"识得庐山真面目"的不一样的意义。

[设计意图] 本板块中的"小组合作短剧表演"，其意图是通过一次实践性的课堂小作业，以"补充台词"的方式，融汇课堂中所读的几首庐山诗；以"角色扮演"，丰富课堂语境的情感体验，力求实现诗词积累、情感熏陶、舞台表现等多方面素养共生共长。而板块中的比读季羡林的《登庐山》，则意在将"思辨进行到底"，也意在突破课堂的物理边界，引领学生在"庐山"漫步，去识得庐山真面目。

没有不终的课堂，但对诗意的探寻，尤其是对诗理的探寻，永不止步！

附板书

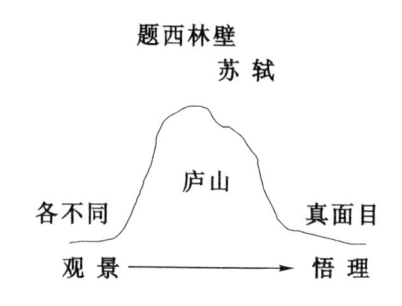

第3课　王昌龄《芙蓉楼送辛渐》

[诗话]

冰 心 一 片

——读王昌龄《芙蓉楼送辛渐》等诗四首

王昌龄是盛唐著名诗人。殷璠《河岳英灵集》把他举为体现"风骨"的代表，誉其诗为"中兴高作"，可见他在诗坛上的地位。他的诗以三类题材居多，即边塞、闺情宫怨和送别。其七绝诗尤为出色，他被冠以"七绝圣手"的名号。

与诗词成就不同，王昌龄的生平际遇并不顺遂。他出身贫困，经历过数种不同身份与生活，从少时的种地农民到嵩山学道弟子，从出征边塞的志士到高中进士的校书郎，后又走上无故被贬、四处辗转的漂泊旅途。生平坎坷的王昌龄，骨子里的文人气质却根深蒂固：忠节贞信，爱国忧民。用他自己的诗句来说，那就是"洛阳亲友如相问，一片冰心在玉壶"！

统编小学语文教材中收录了王昌龄的四首作品，写于他人生的不同时期。彼时，26岁的王昌龄毫不犹豫地奔赴边疆，信心满满地开启了报国之路。大漠与风沙，战争与死亡，成为王昌龄最常面对的生活，但正是这段与众不同的岁月，造就了历史上这位伟大的边塞诗人。王昌龄的边塞诗善于捕捉典型的情景，有着高度的概括力和丰富的表现力。既对边塞风光及边关战事进行了细致描写，又反映了盛唐时代的主旋律，同时能够捕捉到将士细腻的内心世界。《出塞》就是其中一首慨叹边战不断、国无良将的边塞诗。诗曰：

秦时明月汉时关，万里长征人未还。

但使龙城飞将在，不教胡马度阴山。

《出塞》一诗收录在统编教材四年级上册的第七单元。诗人从景物入手，首句就勾勒出一幅冷月照边关的苍凉景象。"秦、汉、关、月"四字交错，互文见义，暗示战事自秦汉以来从未停歇，突出时间的久远。次句"万里"指边塞和内地相距万里，虽属虚指，却突出了空间辽阔。"人未还"使人联想到战争给人带来的灾难，表达了诗人悲愤的情感。怎样才能解脱困苦呢？诗人寄希望于有才能的将领。倘若攻袭龙城的卫青和飞将军李广还健在，绝不让胡人的骑兵跨越过阴山。

这首诗短短四行，通过对边疆景物和征人心理的描绘，使诗的意境雄浑深远，既动人心魄，又耐人寻味。诗中既有对久戍士卒的深厚同情和尽快结束战事的迫切愿望，又流露了对朝廷不能选贤任能的不满，同时又以大局为重，认识到战争的正义性，发出了"不教胡马度阴山"的誓言，洋溢着爱国激情。这是王昌龄的一片冰心。

《从军行》是一组组诗，共七首。其四曰：

青海长云暗雪山，孤城遥望玉门关。

黄沙百战穿金甲，不破楼兰终不还。

该诗选录在统编教材五年级下册的第四单元。诗的前两句，诗人先用"广角"写景——以碧波万顷的青海湖和绵延千里的祁连山作背景，后将镜头推向"孤城"，戍边将士生活和战斗的地方。它正与另一座军事要塞——玉门关遥遥相对。这两句一个广角鸟瞰，一个长焦聚焦。与其说这景是诗人"遥望"所见，不如说是诗人心中所见，并由这心中所见之景，升腾起一种由内而外的责任感与自豪感：黄沙百战穿金甲，不破楼兰终不还。"黄沙百战"写出了西北边陲战时之漫长，战事之频繁，战斗之艰苦。因"百战"而"穿金甲"，但"穿"不破的是什么呢？穿不破的是身经百战的将士的豪壮的誓言——不破楼兰终不还！这亦是王昌龄的一片冰心。

《芙蓉楼送辛渐》写于王昌龄因故被贬，谪居江宁期间。该诗选录在统编教材四年级下册的第七单元，是一首送别诗。他一生写了四十多首送别诗，不落窠臼，不同凡响。诗曰：

寒雨连江夜入吴，平明送客楚山孤。

洛阳亲友如相问，一片冰心在玉壶。

《芙蓉楼送辛渐》共有两首，诗人巧妙地将寒雨、江、夜、吴地等意象并列连接，一开始就为全诗笼罩了阴冷的氛围。抓住"寒雨连江""楚山孤"，通过想象画面身临其境，揣摩心情感同身受，就足以将读者深陷于广袤、凄寒的图景中，诗人的那份惜别、孤寂与苦闷便随着那冰冷的江雨扑面而来。王昌龄写出了送别时的感伤和孤独，写出了周围的凄清和严酷，但他并没有颓唐和潦倒，而是初衷不改，将一个高洁清白的真实自我隐藏在了后两句诗中。诗人以"冰心玉壶"自喻内心清白，表里澄澈，正是基于他与洛阳诗友亲朋之间的真正了解和相互信任，以此告慰，以此明志：一片冰心从未更改。

《采莲曲》同样写于谪居期间，王昌龄独自一人行走在龙标城外，在东溪的荷池，看见了蛮女阿朵在荷池采莲唱歌的情景，遂作《采莲曲》。统编教材三年级上册选录了这一首诗。诗曰：

荷叶罗裙一色裁，芙蓉向脸两边开。

乱入池中看不见，闻歌始觉有人来。

如果把这首诗看作一幅"采莲图"，画面的中心自然是采莲少女们。但作者却自始至终不让她们在这画面上出现，而是让她们夹杂在田田荷叶、艳艳荷花丛中，若隐若现，若有若无，使采莲少女与美丽的大自然融为一体，使全诗别具一种引人遐想的优美意境。

一位著名的政治家曾经说过："要想征服世界，首先要征服自己的悲观。"人在旅途，充满着各种逆境，如果过于悲观就会变得萎靡不振，最终坠入不幸的深渊。相反，如果心态乐观，坦然接受逆境的考验，便会云开雾散。"宠辱不惊，闲看庭前花开花落；去留无意，漫随天外云卷云舒。"这是一种心境。王昌龄谪居期间，能看到这样清丽的采莲图，写下如此不俗的《采莲曲》，也应是这种心境，那枚久违的冰心：一方有景致，生活亦美好。

以上四首诗虽然写作背景不同，题材不同，但都定格了王昌龄人生旅途中某一阶段的所见所思所想。"仕途不幸诗文幸，历尽坎坷句乃工。"王昌龄的诗歌风采，文学风骨，在一千多年后的今天仍经久不衰，这是诗家夫子、七绝圣手的高妙。他这一生无论顺境逆境从未背叛过自己的初心，"一片冰心在玉壶"，这是对王昌龄人格最中肯的评价。岁月变迁，时光流转，但自有比肩同道之人，会与他颔首微笑，拱手作揖。

[诗案]

芙蓉楼畔楚山孤　玉壶冰心今犹在

——四年级下册王昌龄《芙蓉楼送辛渐》教学设计

【教学目标】

1. 正确、流利、有感情地朗读王昌龄的《芙蓉楼送辛渐》等诗四首。

2. 通过借助注释、链接旧知、借鉴资料、群诗勾连等方法，了解古诗大意，体会王昌龄的一片冰心。

【教学预设】

第一板块：未成曲调先有情

1. 一起回读《采莲曲》：

荷叶罗裙一色裁，芙蓉向脸两边开。

乱入池中看不见，闻歌始觉有人来。

设疑：这首三年级学过的诗让你的眼前浮现了什么？预设：

(1) 眼前是一幅美妙的采莲图，粉荷、绿叶，还有绿裙相映成趣，人花难辨。

(2) 眼前是一群美丽的采莲女，藏于莲池没有踪影，忽闻歌声才觉有人。

2. 一起回读《出塞》：

秦时明月汉时关，万里长征人未还。

但使龙城飞将在，不教胡马度阴山。

设疑：这首四年级学过的边塞诗又让你看到了什么？预设：

(1) 看到了冷月当空，照耀着万里边疆的关塞，如此寂寥、萧条。

(2) 看到了戍边战士巩固边防的愿望和保卫国家的壮志，他们希望任用良将，早日平息边塞战事。

3. 重温的两首诗都出自"七绝圣手"王昌龄，让我们通过微课来重温一下他的生平。（提炼生平主要信息）

(1) 科场两度登第，仕途两度被贬谪。

(2) 存诗180多首，体裁以五古、七绝为主，题材主要为离别、边塞、宫怨。他是边塞诗的创始和先驱。

[设计意图] 回读曾经学过的两首诗，再议诗中的景与画，重温王昌龄生平，皆为"温故"，可以唤醒学生诗词学习的记忆，也能感受王昌龄诗题材不一、表达或明快或含蓄的特点，为领悟本课题旨，做阅读积累、阅读体悟上的铺垫。温故而知新，为学生后续学习架起了一座联接新旧知识的桥梁。

第二板块：一山一水皆离愁

1. 今天新学的诗同样出自王昌龄，出示：

寒雨连江夜入吴，平明送客楚山孤。洛阳亲友如相问，一片冰心在玉壶。

2. 理解题目意思：

(1) 辛渐是王昌龄的朋友，要去往洛阳。王昌龄将好友一直从江宁送到润州。分别时写下了送别好友的诗篇。

(2) 这是一首送别诗。王昌龄一生所写的180多首诗中，送别诗便占了52首。《芙蓉楼送辛渐》更是他送别诗中独树一帜的作品。

3. 学生自由读古诗，指名读古诗，指导读音和节奏。

4. 品读一、二两句，你看到了怎样的画面？预设：

（1）夜晚，迷蒙的烟雨笼罩着吴地江天，好一幅水天相连、浩渺迷茫的吴江夜雨图。

（2）第二天清晨，王昌龄送别辛渐，和孤零零的楚山一样，伫立在江畔空望着流水逝去。

5. 体会王昌龄当时的心情，预设：

（1）"夜"话"平明"是惜别：王昌龄送别辛渐共写了两首诗。这首是天亮时在芙蓉楼送别辛渐时所作，另外一首描绘的是前一天夜里两人在芙蓉楼里饮酒话别时的情景。出示：

丹阳城南秋海阴，丹阳城北楚云深。高楼送客不能醉，寂寂寒江明月心。

借助注释理解大意：从城南望到城北，云深深雨蒙蒙。高楼送客有酒也未能尽兴，王昌龄与辛渐依依话别直到天明。

（2）一如楚山剩孤影。清晨，天色已明，辛渐即将登舟北归。王昌龄遥望江北的远山，想到友人不久便将隐没在楚山之外，待回到洛阳，即可与亲友相聚，而留在吴地的自己，就如这孤零零的楚山一般，孤寂之感油然而生。

（3）寒雨连江添苦闷。夜雨增添了萧瑟的秋意，寒江沁透着无尽的寒意，织成一张无边无际的愁网。此情此景，此生际遇，此心谁懂？这让王昌龄倍感苦闷。

（4）两次遭贬，长年谪居，不离不弃，志同道合的朋友何其难得，所以一夜话别很不舍，伫立江畔，看辛渐逐渐隐没楚山之外更觉孤独与苦闷。然而，我们若只停留在体味送别之愁苦的情绪之中，那或许是对王昌龄最大的误会。

［设计意图］ 送别诗往往有着共同的特点：诗中所描写的一景一物都具有凄凉孤独之意，诗人还擅长借助意象表情达意。在王昌龄的52首送别诗中，较为常见的意象有江、夜、山、水、海、舟、雨等。而在《芙蓉楼送辛渐》两首诗中，诗人巧妙地将寒雨、江、夜、吴地等意象并列连接，一开始就为全诗笼罩了阴冷的氛围。教学中，抓住"寒雨连江""楚山孤"，通过想象画面身临其境，揣摩心情感同身受，就足以将读者深陷于广袤、凄寒的图景中，诗人的那份惜别、孤寂与苦闷便随着那冰冷的江雨扑面而来。

第三板块：送别不道离情苦

1. 品读三、四两句，你理解王昌龄的内心吗？预设：

（1）"玉壶""冰心"，在我国古典文学中有着美好的寓意。陆机《汉高祖功臣颂》中说："心若怀冰"，是以冰来比喻心的纯洁；南朝诗人鲍照在《代白头吟》中写道："直如朱丝绳，清如玉壶冰"，是用玉壶冰比喻操守的清白。盛唐诗人如王维、崔颢、李白等都曾以冰壶自励，推崇光明磊落、表里澄澈的品格。

（2）王昌龄托辛渐给洛阳亲友带去的口信不是通常的竹报平安，而是传达自己依然冰清玉洁、坚持操守的信念。

①第一次被贬时，他想让洛阳亲友知道自己：一片冰心在玉壶

②第二次被贬时，他想让洛阳亲友知道自己：一片冰心在玉壶

（3）王昌龄从清澈无瑕、澄空见底的玉壶中捧出一颗晶亮纯洁的冰心以宽慰友人，这比任何相思的言辞都更能表达他对洛阳亲友的深情。

2. 这句话，除了说给洛阳亲友外，他还想说给谁听？

①面对冷漠的朝廷，他想说：<u>一片冰心在玉壶</u>　　　　　。

②面对诽谤他的同事，他想说：<u>一片冰心在玉壶</u>　　　　　。

3. 当他一贬再贬，身处逆境时，依然能看到一方有景致，生活亦美好。

回读：荷叶罗裙一色裁，芙蓉向脸两边开——那是因为他内心有坚守：一片冰心在玉壶。

4. 王昌龄以"冰心、玉壶"自喻，不仅是蔑视谤议的自誉，身处逆境的自愈，更是无关际遇的初心不变，从他登第之前的边塞诗中就可见一斑。

他感慨边战不断，百姓不堪重负，所以他希望任用良将，早日平息战事——回读：秦时明月汉时关，万里长征人未还。但使龙城飞将在，不教胡马度阴山。

5. 他更是将对边塞战事的所见所想，升腾为一种由内而外的责任感与自豪感。——拓展：青海长云暗雪山，孤城遥望玉门关。黄沙百战穿金甲，不破楼兰终不还。

（1）了解边陲景象：青海上空的阴云遮暗了雪山，站在孤城遥望着远方的玉门关，这场景悲壮、开阔而又迷蒙暗淡。

（2）体会豪壮誓言：戍边时间之漫长，战事之频繁，战斗之艰苦，敌军之强悍，将士的报国壮志并未消磨，而是在大漠风沙的磨炼中愈发坚定。

[设计意图] 王昌龄写出了送别时的感伤和孤独，写出了周围的凄清和严酷，但他并没有颓唐和潦倒，而是初衷不改，将一个高洁清白的真实自我隐藏在了后两句诗中。诗人以"冰心、玉壶"自喻，正是基于他与洛阳诗友亲朋之间的真正了解和相互信任，以此明志。借助"冰心、玉壶"的理解、"冰心想谁知？""冰心说于谁？"的交流与朗读，以及《采莲曲》《出塞》的回读，《从军行》的拓读，又将"一片冰心"从送别宽慰的狭隘中脱颖而出，充满壮志豪情，这位送别挚友的孤者俨然成了品性高洁、独善其身的勇士。

第四板块：尺幅之间见隽永

虽然这一片冰心冷漠的朝廷不理解，谤议他的同事不理解，生怕受到牵连、与他划清界限的所谓朋友不理解，但是还有辛渐理解他，所以王昌龄临别写道："洛阳亲友如相问，一片冰心在玉壶。"

所幸还有李白理解他，写下《闻王昌龄左迁龙标遥有此寄》以表慰问与思念。出示：杨花落尽子规啼，闻道龙标过五溪。我寄愁心与明月，随君直到夜郎西。

所幸还有岑参理解他，写下《送王大昌龄赴江宁》劝慰、勉励他。出示：潜虬且深蟠，黄鹄举未晚，惜君青云器，努力加餐饭。

所幸还有孟浩然理解他，写下《送王昌龄之岭南》，即使天各一方，也常怀念。出示：数年同笔砚，兹夕间衾裯，意气今何在，相思望斗牛。

所幸还有后世的一代代人理解他，今天的我们理解他，理解他的"洛阳亲友如相问，一片冰心在玉壶"。

[设计意图] "仕途不幸诗文幸，历尽坎坷句乃工。"写离别而不直接写别情，寓情于景，别情自见；送友人而不着重写友人，只说自己的处世为人，表明自己的高洁品性，用以自励，也是互勉，这是"七绝圣手"表达的高妙。

"一片冰心"有王昌龄自我的坚守，有亲友的共鸣，有后人的传承，这是君子情操在时间长河中积淀的光辉。人生不在于身在何处，而在于心往何处，总要思考与决断。

第 4 课　王冕《墨梅》

[诗话]

梅花非花

——读王冕《墨梅》等咏梅诗三首

梅花，中国人的花。它最初生在中国南方，已有三千多年的栽种历史。在植物学上，梅属蔷薇科，先开花后展叶。花单生，也有两朵同生于一芽内，花多为白色、粉红色，花香清雅。与"梅"同名的蜡梅，花多为淡黄色，浓香扑鼻。它属蜡梅科，因此蜡梅并不是"梅"。

千百年来，虽光阴不断流转，但中国人爱梅，从未改变。有人爱梅，以梅入画，留下了无数名画；有人爱梅，以梅入曲，留下了许多动听的旋律；有人爱梅，以梅入诗，留下了不少脍炙人口的诗词佳作。在统编小学语文教材中就有四首咏梅诗词，其入选数量堪称咏物诗之最了。其中有三首集中在四年级，分别是四年级上册第三单元中卢钺的《雪梅》，四年级下册第七单元中王冕的《墨梅》和第一单元"日积月累"中毛泽东的《卜算子·咏梅》。另外，王安石的《梅花》入选二年级上册语文园地一的"日积月累"。

咏梅诗,是中国人的诗。在《诗经》中有《召南·摽有梅》:"摽有梅,其实七兮。求我庶士,迨其吉兮。"《流沙河讲诗经》中说:"'摽有梅'就是把自己拥有的黄梅果抛出去。这是在做什么呢?这是古代的一种风俗,是女子向自己心仪的男子示爱的一种方式,相当于后来的抛绣球。"在这里"梅"只作起兴用,还不是吟咏的主体。南北朝时,诗人陆凯折梅赠好友范晔所赋的诗"折花逢驿使,寄与陇头人",被后人传为佳话。但这里的梅花也只是当作一种传递友情的事物。自唐以后,以梅花作为吟咏对象的诗词越来越多,梅花渐渐成了品质崇高、意志顽强、操守坚贞的象征。

在诗词里寻梅,一定会常忆起一位人称"梅妻鹤子"的北宋隐逸诗人林逋,以及他笔下的一段花枝"疏影",一缕"暗香"浮动。这"疏影""暗香"成了一代人共同的"梅语"。

如北宋诗人王安石一首《梅花》:

墙角数枝梅,凌寒独自开。

遥知不是雪,为有暗香来。

这一首咏梅五言绝句,前两句写墙角数枝早梅傲霜斗雪,凛然独放;后两句从视觉和嗅觉入手作比,写出梅白似雪,但又暗香沁人。创作此诗时,诗人经历了两次罢相、两次变法失利,他心灰意冷,退居钟山。诗歌借梅喻己,以梅花的坚强和高洁品格喻示那些像诗人一样,处于艰难环境中依然能坚持操守的人。数枝凌寒的"疏影"、缕缕飘零的"暗香",平实而耐人寻味,素雅而发人深省。

又如卢钺的《雪梅》,别有生趣。诗曰:

梅雪争春未肯降,骚人搁笔费评章。

梅须逊雪三分白,雪却输梅一段香。

诗人和王安石一样,也把"雪"与"梅"联系在一起。其实,洁白的雪和淡雅的梅,在诗词的天地间早就结下了不解之缘。"初唐四杰"之一的卢照邻《梅花落》诗曰:"梅岭花初发,天山雪未开。雪处疑花满,花边似雪回。"唐代诗人张谓这样写《早梅》:"不知近水花先发,疑是经冬雪未销。"豪放派词人辛弃疾《临江仙·探梅》说:"更无花态度,全有雪精神。"雪因梅,透露春的消息;梅因雪,更显高尚品格。

卢钺与他人"雪梅并写"的不同之处在于新颖的构思:梅雪争春,互不相让;骚人搁笔,评判短长。诗人觉得"雪""梅"之间难分伯仲:如果比颜色,梅比雪稍逊三分;如果说比香味,雪自然不如梅了。"三分"与"一段",好似说这"白""香"可量可测,作者还梅雪以物理属性,却又让其充满想象的情趣。诗人在《雪梅(其二)》中说:"有梅无雪不精神,有雪无诗俗了人。"进一步直抒自己的观点,梅雪相互衬托、相映生辉,道出"一个中国人无论在怎样的境遇里,总要有梅花的秉性才好"。

这秉性是卢钺笔下的"一段香",这秉性是王安石笔下的"暗香来"。不经一番寒彻骨,怎得梅花扑鼻香!诗人咏梅皆咏梅之香气,借梅花喻人,但王冕例外。

王冕出身贫寒,自幼好学,一生爱梅,屋边植梅,诗中咏梅,又攻画梅。所画《墨梅图》,构图清新悦目,图上一枝墨梅,枝干挺秀,用墨浓淡相宜,花朵的竞相盛开、含苞待放都显得清润洒脱,生机盎然。加上作者那首脍炙人口的七言题画诗:

我家洗砚池头树,朵朵花开淡墨痕。

不要人夸好颜色,只留清气满乾坤。

诗情画意交相辉映,不仅表现了梅花的天然神韵,而且寄寓了画家潇洒旷达、素朴孤洁的人格魅力。

诗前两句"一语双关":既可以说所画之梅长在洗砚池旁,因有墨汁滋养,所以朵朵梅花都带着淡淡的墨痕;也可以理解为这是"我"所画之梅,因墨笔勾勒,自然有淡淡的墨的痕迹。诗首"我家"一词,强调了诗人所画所写之梅,乃家中梅,它不同于"墙角梅""驿外梅""岭上梅"。句中"洗砚池"一典出自东晋大书法家王羲之"临池学书"致使"池水尽黑"的传说。这"洗砚池",当年是王羲之苦练书法成为"书圣"的写照,而今是王冕苦练绘画成为"画梅圣手"的见证。而"我家"二字,把跨越千年的两位潇洒旷达的书画家巧妙地联结在一起,也可见王冕对王羲之的崇拜——"精神祖先"。句中"淡墨痕",写出这画中梅花不粉不白,而是带着淡淡的墨痕。如此寻常之梅,如何令人过目不忘呢?诗的后两句先是斩钉截铁的否定——"不要人夸好颜色",紧接着就是义无反顾的肯定——"只留清气满乾坤"。这否定之外的肯定,突出了这一枝自带悠远"清气"之梅,在天地之间流转,相比于"暗香",相比于"疏影",格局更高,气象更大。

王崧舟教授这样解读"香气"与"清气"之别:

香气对应的自然是花,清气对应的不再是花,而是人;香气是物质意义上的,清气则是精神意义上的;香气是鼻子闻出来的,清气则是心灵品出来的;香气人人得而闻之,清气则只有高洁之士方能品之;香气留在表面上,清气流在骨子里。

纵观王冕一生,流在骨子里的就是这须以心视之的清闲自在之气、清幽旷远之气、清静无为之气。他说"平生固守冰霜操,不与繁花一样情"(《素梅·十九》),这是不与官场浊世同流合污,淡雅娴静之"清气";他说"疏花个个团冰雪,羌笛吹他不下来"(《素梅·四八》),这是不与元统治者同流合污,淡定自如之"清气";他说"忽然一夜清香发,散作乾坤万里春"(《素梅·五六》),这是不与黑暗势力同流合污,淡泊明志之"清气"。在王冕心中,梅花非花——梅花被赋予人格化的形象,达到了"梅人合一"的境界。王冕画梅,梅花带着墨魂,有清雅入骨;王冕咏梅,梅花带着诗魂,见君子清气。

郦波老师说:"同样的物态在不同的诗人笔下,往往呈现出不同的精彩,千姿百态,各有千秋。"于我而言,则更爱这——花非花的梅花!

[诗案]

暗香疏影　清气乾坤

——四年级下册王冕《墨梅》教学设计

【教学目标】

1. 围绕"梅",有感情地朗读《梅花》《雪梅》《墨梅》等三首诗,了解诗人表达的情感,感受"梅"的文化形象。

2. 抓住《梅花》诗中的"凌寒独自开"和《墨梅》诗中的"清气满乾坤",感受"梅之傲"的君子气节。

3. 通过诗与诗、诗与画、诗与乐的互文参读,体验"群诗共读"的乐趣。

【教学预设】

第一板块:经典回读,《梅花》有"暗香"

1. 教师简笔画"墙角数枝梅",引读王安石《梅花》。

2. 激问:在诗人笔下,这数枝墙角梅有什么特别之处呢?

预设:与一般梅花相比没什么特别之处,如果非要说有什么特别之处,有这么几个点?

(1)地点之特别:别的花_____,这几枝却_____。

(2)时间之特别:别的花_____,这几枝却_____。

(3)颜色之特别:别的花_____,这几枝却_____。

(4)香气之特别:别的花_____,这几枝却_____。

3. 师生问读,再次理解诗句,感受诗的结构与内容。预设:

(1)师问——这梅花开在何处啊?生读——墙角数枝梅。

(2)师问——这梅花开在何时呢?生读——凌寒独自开。

(3)师问——你怎么知道这是梅花啊?生读——为有暗香来。

(4)师问——我还以为这是雪呢!这是雪吗?生读——遥知不是雪。

4. 存疑:诗人王安石怎么会注意到这几枝墙角的梅花呢?

[设计意图] 课始,以一幅简笔画导入儿童熟悉的《梅花》。这样的唤醒,努力遵循用"儿童的方式"打开阅读的理念。紧接着,以"激问""问读"的方式,先重温诗句的主要意思,再发现诗的内在结构与诗人赞梅、爱梅的情感。板块中最后的"存疑",是为"文人爱梅""诗人如梅"做铺垫,也是希望以此方式不断激发儿童的阅读兴趣,让"阅读",尤其是"重读"真正发生。

第二板块:互文比读,《雪梅》各"争春"

1. 同样是一树白梅,宋朝另外一位诗人卢钺,他会怎么写呢?指名重读《雪梅》(其一)。

2. 布置小组学习活动：对比阅读《梅花》与《雪梅》，尝试用韦恩图梳理两首诗的异同。

3. 小组汇报两首诗的异同。重点品味《雪梅》拟人化的描写方式。

4. 表演读"梅雪争春"。预设：

（1）梅须逊雪三分白——颜色之争：梅啊，你看看，我_____。

（2）雪却输梅一段香——香气之争：雪啊，你闻闻，我_____。

5. 存疑：诗人为何把"雪"和"梅"并写，安排这样一场别开生面的辩论？

[设计意图] 在这个板块中，主要以"小组学习活动"作为一种"儿童的方式"打开阅读。儿童的合作学习能力培养，既是语文课程的基本理念，也是儿童未来生活的需要。在这个小组合作学习的过程中，让学生对古诗阅读产生亲切感、亲近感，更重要的是变"我爱读"为"我会读"。同时，学习活动的最后预设了"存疑"环节，除了有第一板块"存疑"价值的思考，也包含了课堂上引导学生不断加强积极、自主思辨的意识，培养学生的阅读思维力。

第三板块：诗画品读，《墨梅》满"清气"

1. 出示连环画《王冕学画》的封面，指名介绍王冕。

2. 自幼好学的王冕，一生爱梅，也擅长画梅。出示王冕的《墨梅图》，认读画上题诗。

（1）聚焦画上"吾家"和课文中的"我家"，了解这梅花开在何处。

（2）聚焦"好颜色"，了解这梅花"画"得怎样。补充资料"王冕拒索画"。

（3）聚焦"只留清气"，思辨：这"清气"是能"画"出来的吗？

3. 聆听《经典咏流传》中王泓翔演唱的《墨梅》，体验"不与谁同"的"清气"之感。

[设计意图] 为了更好地坚守儿童立场，更好地契合第二学段古诗词阅读的要求，在这一板块安排了"看连环画，了解诗人""看《墨梅图》，品读墨梅""听墨梅曲，熏陶清气"三个学习活动内容。这三个学习活动从充满童真的连环画入手，激发儿童的阅读兴趣；然后通过一种跨文本阅读——题画诗与课本上的诗对比阅读，将生活阅读与课堂阅读互融互通，使儿童获得全新的阅读体验；最

后,当小男生王泓翔唱道"不与凡花争奇艳,傲霜斗雪笑风寒。心怀高远更淡然,昂首天地间",学生对梅花的秉性会多一层来自音乐的感染,获得多重感官体验。

第四板块：拓展悟读,《素梅》显"精神"

1. 三首诗,对比辨疑悟读。

(1) 诗人王安石怎么会注意到这几枝墙角的梅花呢？引背《梅花》。

(2) 王安石、卢钺都把"雪"和"梅"并写,尤其是卢钺还安排了一场别开生面的"雪与梅"的辩论,这是为何呢？引背《雪梅》。

(3) 王冕笔下的"我家梅"与前二者之间有什么相同之处？又有什么鲜明的不同之处？引背《墨梅》。

2. 再度聚焦"清气",拓展王冕《素梅》诗句,感受"梅人合一"的君子气节。

预设：

(1) 平生固守冰霜操,不与繁花一样情。——《素梅·十九》
(2) 疏花个个团冰雪,羌笛吹他不下来。——《素梅·四八》
(3) 忽然一夜清香发,散作乾坤万里春。——《素梅·五六》

3. 存疑：今天,你看见了一枝怎样的梅？在今后,你还会在不同的时间、不同的空间里看见不一样的梅,你又会有怎样的感触呢？

[设计意图] 以"梅"为核的群诗共读学习,学生通过三首诗的对比阅读、积极思辨形成认知上的高峰体验：墙角梅,虽所处空间卑微,但其傲雪怒放的精神,不卑亦不微；雪与梅,非但无高下之分,更是相互映衬,"有梅无雪不精神"；梅的精气神就在这"清气"之中,这清朗之气、清白之气、清幽之气……都是中国人赋予梅的君子之气！

苏霍姆林斯基在《怎样培养真正的人》一书中说："人人都要表现自己,而且每一个人都是按照自己的方式来表现自己的。"基于儿童立场的阅读表现力,就是让每一个儿童都能在学习中点燃兴趣、满足需求、彰显能力,进而更好地丰盈阅读视角与精神世界。

第 5 课　陆游《示儿》

[诗话]

秋夜将晓

——读陆游《示儿》《秋夜将晓出篱门迎凉有感》

愁，离人心上秋。秋夜将晓，是何愁，引诗人迈出篱门，极目远眺？

面对诗歌，需要教师练就一个字——读，读诗，读诗人。"功夫在诗外"，只有教师在诗外"深入"地读，回到课内才能"浅出"地学。这时的"浅出"有了丰厚的底蕴，有了丰盈的情感，也就不"浅"了。

深入地读，读诗人的境遇。

爱国诗人陆游（1125—1210），字务观，中年自号放翁，南宋越州山阴（今浙江绍兴）人。陆游出身于一个有文学传统且世代为官的官宦家庭，他一生经历了北宋的末年和南宋的前半期。他所处的时代，正是我国历史上民族矛盾异常尖锐的时代。从北宋初期起，宋王朝就处在西夏和契丹的威胁下，宋朝统治集团一直执行着对外妥协、对内镇压的政策。公元 1126 年冬，金人攻陷北宋首都汴京（那一年陆游两岁），北方的大片土地从此长期沦入金人之手。南宋王朝建立后，非但不奋发图强，反而采取了更加屈辱投降的政策。虽然其中有过几次暂时的、软弱的抗争，但终究还是无果而终，换来可耻的苟且偷安的局面，最后终于在元军的入侵下宣告彻底灭亡。

在兵荒马乱的艰苦岁月里，陆游跟随家人颠沛流离，不但生活困苦，随时还有生命危险："我生学步逢丧乱，家在中原厌奔窜。淮边夜闻贼马嘶，跳去不待鸡号旦。"（《三山杜门作歌》）陆游一生饱经忧患，他的诗歌不仅始终充满炽烈的爱国热情，而且同情当时人民的疾苦。然而"国仇未报"可惜"壮士老"，"匣中宝剑"也只能是"夜有声"。

深入地读，读诗人的气节。

作为一代伟大的爱国诗人，陆游早年立下"上马击狂胡，下马草军书"（《观大散关图有感》）的志向。1153年，陆游赴临安应试，主考官阅卷后取为第一，因秦桧的孙子秦埙位居陆游之下，秦桧大怒，欲降罪主考。次年，参加礼部考试，主考官再次将陆游排在秦埙之前，秦桧公然把陆游刷掉，陆游因此失掉了由科举而获得功名的机会。这是陆游仕途上的第一次挫折与失败，之后，打击、排挤、贬谪……一而再，再而三地与他相伴，但是诗人忧国忧民的情怀却愈来愈强烈，节操愈来愈坚贞。一首《卜算子·咏梅》是他一生坚贞不屈最好的诠释：

驿外断桥边，寂寞开无主。已是黄昏独自愁，更著风和雨！

无意苦争春，一任群芳妒。零落成泥碾作尘，只有香如故！

陆游一生酷爱梅花，写了大量歌咏梅花的诗词，称其为"花中气节最高坚"。作者作此词时，正因力主对金用兵而受贬，因此他以"群花"喻当时官场中卑下的小人，而以梅花自喻，表达了虽历尽艰辛，也不会趋炎附势，而只会坚守节操的决心。哪怕在他意识到死亡将至的时候，还要宣称自己要化作厉鬼和敌人继续斗争。《书愤》中诗人这样说道："白发萧萧卧泽中，只凭天地鉴孤忠。……壮心未与年俱老，死去犹能作鬼雄！"

纵观全词，诗人以物喻人，托物言志，巧借饱受摧残、花粉犹香的梅花，比喻自己虽终生坎坷却绝不媚俗的忠贞。我们从中仿佛听到了屈原那"路曼曼其修远兮，吾将上下而求索"的执着与坚定。一句"零落成泥碾作尘，只有香如故"读来意味深长：即使凋零堆成为泥土，碾碎化作尘埃，心中的那缕馨香不变。这不变的"香"，就同王冕画上《墨梅》："不要人夸好颜色，只留清气满乾坤"，是一种风骨！

深入地读，读诗人的哭诉。

1192年陆游退休在山阴（今浙江绍兴），眼看宋光宗赵惇只知压榨百姓，并无半丝半毫抗金复国之意，心中百感交集，写下《秋夜将晓出篱门迎凉有感》一诗：

三万里河东入海，五千仞岳上摩天。

遗民泪尽胡尘里，南望王师又一年。

这首诗选入统编教材五年级下册第四单元，全诗字里行间饱含着泪水，写得十分沉痛。诗的前两句怀念北方沦陷区雄伟壮丽的河山，后两句刻画出沦陷区人民盼望南宋军队收复失地的心愿。头两句的"河"指黄河，"岳"指华山。黄河和华山是祖国的名山大川，它代表的是祖国北方神圣不可侵犯的领土。"三万里"和"五千仞"是一种夸张的写法，在这里极言祖国山河的雄伟壮丽。对于祖国有这样的大好河山，诗人感到骄傲和自豪，而对于失掉它们，当然就非常痛惜与悲愤了。诗的后两句表现了诗人对沦陷人民的深切关怀：诗人称他们为"遗民"，暗示出那是由于昏庸的统治者逃跑了，把他们遗弃在那里。在"胡尘"的笼罩下，他们饱受金人的蹂躏与奴役，过着悲惨痛苦的生活。他们含着热泪，年复一年地盼望着"王师"来解救他们，而结果却是"泪尽胡尘"。这是怎样的"泪"呀？起先是担心、害怕，然后就是悲伤、痛苦，后来是企盼、希望，最后可能只剩下辛酸与绝望。但是，即使是"泪尽胡尘"，遗民依旧"南望王师"。因为三万里黄河依旧奔腾入海，五千仞华山依然高耸入云，所以哪怕是"绝望"，遗民望了一年，又望一年！在这短短的四句诗里，诗人把对祖国的热爱，对敌人的痛恨，对朝廷的失望，对沦陷区人民的关怀写得那样深切感人。

除此，他在《哀北》《北望》《秋兴》等诗中，都描写了遗民渴望收复失地的心情，表现了诗人对他们的同情。他的这类诗往往将悲愤和信心、忧伤和力量关联在一起，能够激励人心，给人以情的感染、力的鼓舞！

第5课 陆游《示儿》

深入地读,读诗人的遗愿。

公元1209年立秋以后,陆游病倒了,而且病得很重。在这之前陆游常常生病,时好时坏,反复了好几次。但是,前几次的病都比较轻,吃了一点药以后,病情就慢慢好转了。有时候,他还能勉强支撑着,到外面走动走动。然而,这次不同,他病了100多天,吃药也不见效,病情越来越严重。这位年逾花甲的老人,知道自己剩下的日子不多了。但是,他对统一事业还是念念不忘。他想到中原沦陷、朝廷腐败、人民苦难,他又想到参加进士考试,想到上马杀敌、江西遇火灾,最后他想到了死。他想到一个人总是要死的,对于死,他并不感到什么可怕。10年前,他曾经想到过死,而且写出"死前恨不见中原"的诗句。现在,当他想到中原还落在金朝统治者的手里,自己一生立志光复中原的理想已成为泡影,心里又感到万分沉痛。他用诗当作遗嘱留给他的儿子:宋军收复北方失地的那一天,在家里举行祭祀,千万不要忘记告诉他一声。这首诗就是千古传诵的《示儿》:

死去元知万事空,但悲不见九州同。

王师北定中原日,家祭无忘告乃翁。

这首诗选入统编教材五年级上册第四单元,诗人在绝笔诗里说,"万事空",万事都搁得下;"九州同",只有这一件永远也搁不下。诗人接着又说,虽然自己即将死去了,依然"不见九州同",可是相信"王师"终有"北定中原日"。诗人再三叮嘱儿子:"家祭无忘告乃翁!"叫儿子"无忘",其实是自己念念"不忘"啊!他念念不忘的是什么呀?是"三万里河",是"五千仞岳",是"遗民",是"王师"……他念念不忘的是"何当凯旋宴将士,三更雪压飞狐城"!(《长歌行》)

钱锺书先生在《宋诗选注》中说:"他看到一幅画马,碰见几朵鲜花,听了一声雁唳,喝几杯酒,写几行草书,都会惹报国仇、雪国耻的心事。"诗人的爱国心是何等的执着、深沉、热烈、真挚!1210年春天,陆游留下这最后一篇充满血泪的歌唱,遗憾地离开了这个世界。那一年陆游85岁。

陆游走了,他满怀希望地走了,他的希望终究还是没能实现。但是,他这一首充满血泪的《示儿》以及其他许许多多充满血泪的爱国诗篇,还有他真挚的、至死不渝的爱国情怀却永远流传着,被千古传诵,直到今天依旧震撼着我们的心灵。

陆游是一个诗人，更是一个战士！梁启超在《读陆放翁集》中写道："诗界千年靡靡风，兵魂销尽国魂空。集中什九从军乐，亘古男儿一放翁。"愿自此，诗人"秋夜"不愁，初心"将晓"！

[诗案]

亘古男儿一放翁

——五年级上册陆游《示儿》教学设计

【教学目标】

1. 结合注释，在谈谈说说中知晓《示儿》一诗的大意。

2. 有感情地朗读《示儿》并背诵，了解陆游的其他爱国诗词。

3. 通过《示儿》《秋夜将晓出篱门迎凉有感》的互文参读、情境写话，感受诗人忧国忧民的爱国主义情怀。

【教学预设】

第一板块：咏梅诗，知诗人

1. 聊校园"梅树"，赏校园"梅花"。

2. 诵读几句"咏梅"诗词，品"香"。

◎遥知不是雪，为有暗香来。——宋·王安石《梅花》

◎梅须逊雪三分白，雪却输梅一段香。——宋·卢钺《雪梅》

◎疏影横斜水清浅，暗香浮动月黄昏。——宋·林逋《山园小梅》

◎零落成泥碾作尘，只有香如故。——宋·陆游《卜算子·咏梅》

3. 用一句话介绍自己了解的诗人陆游。

[设计意图] 梅，花中君子。君子爱梅，咏梅。在这个板块中，选取宋代四位诗人的咏梅佳句，聚焦一个"香"字。学生在不知不觉的阅读中闻"香"识故人，了解诗人陆游生平。尤其是感受陆游对"梅"的喜爱，陆游在《梅花绝

句》（其一）中表达了愿化作一树梅花的心愿："何方可化身千亿，一树梅花一放翁。"这梅花之香，就是诗人气节所在，也是全课情感底色、情愫底蕴所在。

第二板块：说遗愿，晓大意

1. 陆游一生忧国忧民，临终前写下的这一首诗，是他人生的绝唱。读诗题《示儿》，你知道诗题的意思吗？

2. 陆游写些什么给儿子们看呢？听老师范读，学生自由练读。

3. 同桌读读说说：这位伟大的爱国诗人在临终之前到底要对儿子说些什么呢？

4. 师生合作说说：教师用诗句说，学生用自己的话来说。

[设计意图]　对于五年级的学生而言，《示儿》一诗二十八字，并无特别难懂之处，学生结合注释就能了解全诗大意。这一板块中，打破传统的逐字、逐词、逐句翻译，而后串讲的教学模式，还学生独立思考、同桌互学、自由想象的空间，体现"书读百遍，其义自见"的学习理念。在一遍遍朗读、一轮轮交流、一次次体验过程中，走近病榻，了解诗人那颗矢志不渝的心。

第三板块：悲九州，读秋夜

1. 这位垂暮多病的老人，在临终之前，竟然写下了这样一份遗嘱，同学们，请你再读一读这份遗嘱，你能体会到诗人那时那刻是怀着一份怎样的情感写下这首诗的吗？

2. 诗人说"死去元知万事空，但悲不见九州同"，"九州"何样啊？

读诗句："三万里河东入海，五千仞岳上摩天"，体验"河岳"之美。

3. 诗人说"王师北定中原日，家祭无忘告乃翁"，谁也在盼着"王师"啊？

读诗句："遗民泪尽胡尘里，南望王师又一年"，感悟"遗民"之泪。

4. 师生对读两首诗，解诗题《秋夜将晓出篱门迎凉有感》，这个即将破晓，带着丝丝凉意的清晨，诗人迈出枯竹院门，心中有何感想呢？配乐写话。

[设计意图]　参读《秋夜将晓出篱门迎凉有感》一诗，从"九州""遗民"切入。一来，感受九州风光：河，奔腾入海；山，高耸入云。二来，体验遗民之泪、南望之苦：这"泪"里有绵绵无期的痛苦，这"望"里有年复一年的绝望。"一切景语皆情语"，九州是"景语"，遗民是"景语"，把这景语背后的"情"

读出来，再引导学生用自己的话把这"情"表达出来。这也正应了《文心雕龙》中"夫缀文者情动而辞发，观文者披文以入情"一句。

第四板块：入诗境，念放翁

1. 听读诗句。一生忧国忧民的陆游，此心至死不渝。我们一起来读读陆游的另外两首诗作。逐篇出示陆游的《关山月》《书愤（其一）》的配音朗读，学生默默地听。

2. 课堂结语。

那个赋闲在乡，心中郁愤喷薄而出"塞上长城空自许，镜中衰鬓已先斑"的是——陆游；那个一心挥戈北上，对月感怀"遗民忍死望恢复，几处今宵垂泪痕"的是——陆游；在秋夜将晓之时，仰天长叹"遗民泪尽胡尘里，南望王师又一年"的是——陆游；在生命最后一刻，还在念着"王师北定中原日，家祭无忘告乃翁"的是——陆游。

[设计意图] 举三反一，可以异中见同。在参读两首陆游的诗后，又引两首陆游的爱国诗篇，在静默的听读过程中，感受诗人"国仇未报"可惜"壮士老"，"匣中宝剑"也只能是"夜有声"的悲怆。

"集中什九从军乐，亘古男儿一放翁。"这种同一诗人同一主题群诗教学，有利于加强学生对经典古诗文的积累，也有利于学生对诗人人格魅力的感悟与体验，是教师对文本资源有效地利用与开发，也是教师"大语文"教学观的体现。

第6课　王维《山居秋暝》

[诗话]

又见空山

——读王维《山居秋暝》

"盛唐独步诗琴画，文苑三分李杜王。"这里的"王"，就是王维。统编教材五年级上册收入了唐代诗人王维的《山居秋暝》，四年级上册的"日积月累"中收入了他的《鹿柴》，五年级下册的"日积月累"中则有《鸟鸣涧》一首。

跟四、五年级的学生聊王维，他们大概不会说"王维是一位极具艺术家气质的诗人，是南宗画派的代表"。但他们一定会想起那个"独在异乡"的少年，17岁的他，独自一人漂泊在洛阳与长安之间，他在重阳佳节，登高吟咏"遥知兄弟登高处，遍插茱萸少一人"；一定会想起那个"使至塞上"的他，他在西行途中，引吭高歌"大漠孤烟直，长河落日圆"；一定会想起那个"渭城送别"的他，与友人在驿馆喝了一夜的酒，清晨醒来，在临行之际，他举杯咏唱"劝君更尽一杯酒，西出阳关无故人"。

走进《山居秋暝》，走近一个更加自然、更加纯粹的"诗佛"王维。用苏轼对王维的评价来说，那就是"味摩诘之诗，诗中有画；观摩诘之画，画中有诗"（《书摩诘蓝田烟雨图》）。《山居秋暝》就是这"诗中画"，就是这"画中诗"：

空山新雨后，天气晚来秋。明月松间照，清泉石上流。

竹喧归浣女，莲动下渔舟。随意春芳歇，王孙自可留。

一、诗中画：山居在"空山"

诗以"空山新雨后"开篇，直接点出了诗人"山居"在"空山"之中。但通读全诗，你就会发现这"空山图"中景物却并不空："新雨""明月""松""清泉""石""竹""浣女""莲""渔舟"……如此之多的景物，又何来"空山"之说？

再细细欣赏这些景物，你会发现这"空山图"中景物光色和谐、动静相宜。先说这"画"中之"光"：有秋日苍苍的暮光——"晚来秋"，有秋夜皎皎的月光——"明月"，还有石上粼粼的波光——"清泉"。再看这"画"中之"色"：空中"明月"是白色，林中的"松竹"是墨绿，泉中的"莲花"是粉色。最后再感受感受这"画"中景的"动"与"静"："新雨后"的空山，"松间照"的明月，是静，但静中似乎可见动；"石上流"的清泉、"喧""归"的浣女、"动"的莲、"下"的渔舟，是动，但动中又显静。

当然，如果仅是这样读"空山图"，显然是把"画"读碎了，也把"诗"读死了。《山居秋暝》是一首意境浑然天成的好诗，自当以浑然的心境整体观照、慢慢欣赏。我们应把自己置身于"空山"之中，调动学生的五官细细感受山水田园清新秀丽。闭上眼，用鼻子闻闻：秋雨初霁明月初升后，空气中有泥土的芬芳，有莲叶和莲花的清香。闭上眼，用耳朵听听：秋雨初霁明月初升后，松林间有清泉潺潺流动的声音，有流水与石头相激的声音，也有洗衣、采莲姑娘们的欢声笑语。闭上眼，用心灵品品：秋雨初霁明月初升后，山中的秋色远胜过消逝的春天的芳菲。这样读"空山图"，"空山"是立体的，恍如景在目前、身临其境，一不小心便与诗人一同深居空山之中。

二、画中诗：秋暝在"空山"

画以"天气晚来秋"铺展，直接表现了诗人"秋暝"之时漫步"空山"之中。既是秋，又是日落时分，自然会生起丝丝悲秋之气。就如宋玉在《楚辞·九辩》中所言："悲哉，秋之为气也！萧瑟兮草木摇落而变衰。""悲秋"，在古代文人的诗文中不可不谓常见。唐诗中，悲秋的代表作要算是杜甫的《登高》了，读着诗中"猿啸哀""鸟飞回""万里悲秋""百年多病"等词，这悲秋之情便升腾而起。尚永亮教授说悲秋"与人的生命本身紧密关联"，"具体表现为对自身生命的忧恐、悲叹、把握和思考"。但王维的"空山图"中却没有这种悲秋之气。

王维之所以能颠覆"秋暝"的悲秋传统，得益于"空山"之"空"。即诗人以自我空静之心观秋天自然万物，重新看见秋天的本来面目。诗人以空静的心态，描绘了"明月""苍松""清泉""白石""翠竹""青莲"与"浣女"，在静寂中看见生生不息的，毫不逊色于"春芳"的秋天。这幅"空山图"，诗人通过独特取景，展示自己感受到的"秋美""秋乐"之画面。罗宗强先生说："在清新宁静而生机盎然的山水中，诗人感受到万物生生不息的生之乐趣，精神升华到了空明无滞碍的境界，自然的美与心境的美完全融为一体。"

王维的"空山"体现了画境之美，也体现了禅境之美。这样的"空山"，不仅在《山居秋暝》的"空山新雨后，天气晚来秋"里，还在《鹿柴》的"空山不见人，但闻人语响"里，以及《鸟鸣涧》的"人闲桂花落，夜静春山空"中。这后两处"空山"，同样体现了诗人对自然本来样子的观照。这里既有诗人对自然景象的描述，也有诗人对山水理想的追求，更有他豁达而又平静的心境。一是空谷人语、斜晖返照的寂静；一是人闲桂落、春涧鸟鸣的静谧。清人陆佃说："摩诘诗到神境处，真是景即意、意即景，不造境而景得，不说意而意完。"

王维是多才多艺的，他是诗人，也是音乐家、画家。他将绘画、音乐的精髓带进诗的天地，将视觉的色彩感和听觉的流动感转化为有灵性的诗意符号——空山！

钱锺书在《中国诗与中国画》中指出："在他（王维）身上，禅、诗、画三者可以算是一脉相贯。"而《山居秋暝》，以及《鹿柴》《鸟鸣涧》这些山水诗，让我们见到了语已尽而意无穷的空静之美。用王维自己的诗来说，那是"江流天地外，山色有无中"。

[诗案]

空山有"动静" 心中有"诗画"

——五年级上册王维《山居秋暝》教学设计

【教学目标】

1. 认识"暝""浣"等生字,能有感情地诵读全诗。

2. 借助想象体验诗中景物的"动静"之美,感受秋暝山居之闲适与静美。

3. 紧扣诗中"空"字,参读诗人有关"空"的诗句,感受诗人空灵的诗心。

【教学预设】

第一板块:解题,走近"山居"

1. 读"居",了解"山居"。

(1) 板书课题的"居"字,知道这个字是什么意思?

(2) 通过回忆二年级时高鼎的《村居》,五年级时琦君的《桂花雨》,了解"村居""客居"。

(3) 情境迁移,了解"山居"。

2. 读"暝",了解"秋暝"

(1) 板书课题的"暝"字,知道这个字是什么意思?(日落时分,天色将晚)用一个词语说,暝就是——黄昏。

[补充预设]"傍晚"和"黄昏"哪个词更有诗意?

月上柳梢头,人约——黄昏后。

夕阳无限好,只是——近黄昏。

(2) 那么"秋暝"就是——秋天的黄昏。

3. 小结,识人。

读"山居秋暝",了解诗题,谁居住在这秋天的山里?这位诗人便是人称"盛唐独步诗琴画，文苑三分李杜王"的王维。我们一起走进这山，这秋，这山中秋天的黄昏。

[设计意图] 诗无解，然诗题需解。在这个板块中，从旧知、旧我出发，围绕"居"和"暝"，理解诗题，发现新知、新我。透过诗的眼睛，试着走进诗人内心。

第二板块：读诗，感受"秋暝"

1. 读正确，指名读。

[补充预设] "浣"的读音和"浣女"的意思。

浣这个字念 huàn，三点水加一个"完"。"浣"是洗衣服，"浣女"就是洗衣服的姑娘或洗衣服的少女。洗衣服回来的姑娘叫归浣女。朗读。

2. 读流利。挑战自我——赛读。

3. 读出节奏。

读诗要有节奏感，节奏在于每一句的停顿。这是一首五言律诗，读好"二三"节奏。师生合作着读读。

4. 读出韵味。指名读，再齐读，再指名读。

这首诗中，"秋""流""舟""留"是押韵的，你能把其间的韵味读出来吗？

5. 小结，入境。

相信你也读出了这秋天黄昏的感觉，漫步在这秋天的黄昏，你有什么感觉呢？

[设计意图] 文有文气，诗有诗味。读诗，就要这样慢慢读，一字一字读正确，一句一句读流利，读出诗的节奏，读出诗的韵味，文字就慢慢活了。

第三板块：品画，体验"画境"

1. 这位以诗、琴、画三绝独步盛唐的"诗佛"，在这首诗中，他都画了什么呢？自读，圈出诗中描绘的景物或人物。

2. 指名交流。这画中有空山、秋天、明月、松林、清泉、山石、翠竹、浣女、青莲、渔人、王孙等。

[补充预设] "春芳"和"春芳歇"。

"春芳"是什么？以你的生活经验判断，这个时候春天的花草还在吗？诗中哪个字就是这个意思？"歇"，尽。这里是说到了秋天，春天的花早已——凋谢了；春天的

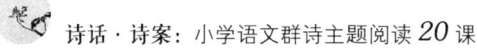

草早已——枯萎了。

3. 读诗的首联，品画之大意境。

(1) 范读，你看见了什么？

(2) 对读，你有过雨后散步的经历吗？如果你此刻行走在这样的山林中，会有什么样的感觉呢？

4. 读诗的颔联、颈联，品画之微动静。

(1) 在这样迷人的山景中徜徉、漫步、徘徊。走着，走着，天黑了，明月升起来了。你又看到了怎样的画面，有怎样的感觉？

男生练笔：明月松间照，清泉石上流。

女生练笔：竹喧归浣女，莲动下渔舟。

(2) 对话交流，随机点评。

[补充预设] 画中景物的"静态美"和"动态美"。

景由心静，景又随心动：看明月慢慢挪移，听清泉缓缓流淌。

心静则景静，景静则声入人心：看浣女缓缓走来，听竹林风声；看渔人缓缓走来，听莲下鱼戏。

《山居秋暝》是一首诗，动静相宜，是宁静致远的牧歌；也是一幅画，以动衬静，是清幽旷远的田园。

5. 小结。

[设计意图] 读摩诘的诗，就会自然想到东坡居士的"诗中有画"。画的意境铺陈在一场秋雨之后的山林之中，流连于明月与清泉、松林与山石、翠竹与青莲等意象建构起的"空山"之中。教学中，紧扣"照""流""喧""动"等字，随机渗透语文要素的"静态描写与动态描写"，体会诗人以动衬静的表现手法，形成对诗歌赏读的自主性建构。

第四板块：画心，感悟"心境"

1. 回读首联，再见"空山"。

(1) 你看到了一幅怎样的山居秋暝图呢？

(2) 你看了这么多的山中美景，这山空吗？

（3）那为何说是"空山"呢？

（4）王维的很多诗中都有一座"空山"，指名生读：

空山不见人，但闻人语响。返景入深林，复照青苔上。——《鹿柴》

人闲桂花落，夜静春山空。月出惊山鸟，时鸣春涧中。——《鸟鸣涧》

2. 思辨：空山不空。

这春山空吗？这秋山空吗？这夕阳掩映下的空山空吗？这月光辉映下的空山空吗？这不空的空山有一种怎样的美？

[设计意图]　王维一生留下近四百首诗，其中九十多首里都有"空"字，因为他心中有空灵的诗意生活，所以"空山"就在王维心里。抓住一个"空"字，与诗对话，与诗人对话，与自己对话，激发儿童朴素的哲学思维，使学生体会"空山"里蕴含的人生意蕴，感受诗人将山藏于心中的情感。心，空灵；山，就空灵。

3. 追问：春芳已歇。

（1）再美，再清幽，这也是一番秋景啊！春芳已歇，引读——随意春芳歇，王孙自可留（生跟读）。

（2）春芳已歇，已有秋愁点点生，引读——

徐再思说——一声梧叶一声秋，一点芭蕉一点愁，三更归梦三更后。

苏轼说——世事一场大梦，人生几度秋凉。

王建说——今夜月明人尽望，不知秋思在谁家。

杜甫说——万里悲秋常作客，百年多病独登台。

叶绍翁说——萧萧梧叶送寒声，江上秋风动客情。

（3）春芳已歇，王孙啊，你真的要留在这空山之中吗？

你不是还要向——《陇西行》——十里一走马，五里一扬鞭。

你不是还要像——《老将行》——一身转战三千里，一剑曾当百万师。

你不是还有——《出塞作》——居延城外猎天骄，白草连天野火烧。

（4）你为何还要留在这空山之中呢？

[补充预设]　感受"随意春芳歇"之"意"。

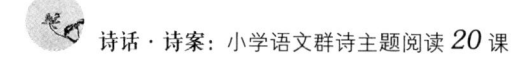

这"意",是用一颗诗心点染秋天里的春天,四时景物皆成趣!

这"意",是心怀一份悠然和淡泊,在嘈杂纷扰的世界里学会放下!

4. 听琴:超越千年,我们再听听这位以诗、琴、画三绝独步盛唐的"诗佛"带来的《山居秋暝》。

(1) 听诗词咏唱《山居秋暝》。

(2) 教师反复自吟:春草明年绿,王孙归不归。

[设计意图] 从儿童已有的认知经验出发,展开一场关于春芳已歇、秋愁自生的情感再认;使儿童之自我与诗人同站在秋意渐浓的空山之中,回视诗人的难酬壮志,通过层层朗读,在儿童的心中种下一个大问号——空山是否可留?

第7课　张志和《渔歌子》

[诗话]

回味垂钓

——读张志和《渔歌子》

"醉翁之意不在酒,在乎山水之间也。"宋代大文豪欧阳修流连山水、与民同乐,写下饱含哲理的千古名句。这一名句,正是对"姜太公钓鱼,愿者上钩"这一典故的诠释。垂钓之风在中国古已兴,今亦盛。一竿一线,一处水湾,便可令垂钓者如入无人之境,享受沉静自适的精神之乐。

垂钓之风的兴盛,带来诗词的繁荣。更有文人墨客、隐逸之士,其意并不在垂钓,那是一种消遣,或是一种恬淡、闲适的生活态度,或是一种为了达到一定目的而采取的方式……

我们来寻找散落在统编语文教材中与渔人相关的古诗词,有胡令能《小儿垂钓》、柳宗元的《江雪》、张志和的《渔歌子》,以及范仲淹的《江上渔者》。这些诗词,或抒发情怀,或歌颂劳动,或托物言志,细细赏玩,妙趣无比,回味无穷。

首先，回味最专注的垂钓者。

最童稚可爱的垂钓者，当然是孩子。杜甫曾有"稚子敲针作钓钩"，便是生动的写照。把这份童稚写得活灵活现的是唐代诗人胡令能的《小儿垂钓》，该诗编入统编教材二年级上册的"日积月累"中。诗云：

蓬头稚子学垂纶，侧坐莓苔草映身。

路人借问遥招手，怕得鱼惊不应人。

寥寥几句，活画出一个初学垂钓的小儿形象：一个头发蓬乱、面孔稚嫩的小孩在河边学钓鱼，侧身坐在青苔上，绿草遮映着他的身影；听到有过路的人问路，他远远地摆了摆手，不敢回应路人，生怕惊动了鱼儿。神态生动，动作传神，惟妙惟肖，意趣盎然。

这首七绝写小儿垂钓别有情趣。"蓬头"写其外貌，突出了小孩的幼稚顽皮、天真可爱。诗人对这垂钓小儿的形貌不加粉饰，使人觉得自然可爱与真实可信。"学"是这首诗的诗眼。这个小孩子初学钓鱼，所以特别小心。在垂钓时，"侧坐"姿态，草映其身，让我们仿佛看到小儿专心致志于钓鱼的情景。"遥招手"是因为小儿害怕把鱼惊散。

诗中没有绚丽的色彩，没有刻意的雕饰，在平淡浅易的叙述中透露出几分纯真和一些专注，尽显专注钓鱼之童真童趣。

其次，回味最孤独的垂钓者。

垂钓往往自成一景。留白最开阔、最富诗情画意的诗句出自柳宗元的《江雪》，该诗同样编入统编教材二年级上册的"日积月累"中。诗云：

千山鸟飞绝，万径人踪灭。

孤舟蓑笠翁，独钓寒江雪。

柳宗元用了20个字就描绘了一幅幽静寒冷的画面：那座座山峰上都没有鸟儿的踪迹，那条条小路也都没有人们的足迹；一个穿着蓑衣、头戴着笠帽的渔翁，乘着一叶孤舟，在寒江上独自垂钓。

山山是雪，路路皆白。飞鸟绝迹，人踪湮没。诗人选择千山万径人鸟绝迹这种最能表现山野严寒的典型景物，描绘大雪纷飞、天寒地冻的图景。"千山""万径"

这两个词,是为了给下面两句的"孤舟"和"独钓"的画面作陪衬。接着勾画独钓寒江的渔翁形象,借以表达诗人在遭受打击之后不屈而又深感孤寂的情感。

诗人向读者展示的是:天地之间是如此纯洁而寂静,一尘不染;渔翁是如此清高,他的性格又那么孤傲。其实,这正是诗人由于憎恨当时那个一天天在走下坡路的唐代社会而创造出来的一个幻想境界,里面的人物比陶渊明《桃花源记》里的人物要显得虚无缥缈,远离尘世。仅读文字,便可读出一股清冷的意味,那是"独与天地精神相往来"的境界,而四句各取开头一字组成一句话便是"千万孤独",道出他的心声。

再者,回味最闲适的垂钓者。

与柳宗元情趣相殊,却亦有丹青之妙的,则是张志和的《渔歌子》,入选统编教材五年级上册第七单元的"日积月累"。词云:

西塞山前白鹭飞,桃花流水鳜鱼肥。

青箬笠,绿蓑衣,斜风细雨不须归。

这是一首传唱千年的古词,作者运用"写意山水画"的方式给读者展示了一幅动静结合、色彩艳丽的画卷。

一读词中画。西塞山前白鹭在自由地翱翔,江水中,肥美的鳜鱼欢快地游着,桃花是那样的鲜艳而饱满。江岸一位老翁戴着青色的箬笠,披着绿色的蓑衣,在斜风细雨中悠然自得地垂钓。他被美丽的春景迷住了,连下了雨都不回家。这首诗的画面色彩鲜明,意境优美,画中既有静态的景物——西塞山、桃花、箬笠、蓑衣,也有动态的景物——白鹭、流水、鳜鱼、斜风、细雨。"西塞山前"点明地点,"白鹭"是闲适的象征,写白鹭自在地飞翔,衬托渔父的悠闲自得。桃红与水绿相映,展现西塞山前的湖光山色,渲染了渔父的生活环境。一青一绿,点出钓鱼之人。短短的27个字,读来仿佛是在看一幅出色的水乡春汛图,正如颜真卿对他的评价"词中有画,画中有词"。

二读词中情。所谓"以诗言志,以诗传情",这幅意境优美的山水画,传达的是作者对悠闲自在生活的向往。了解张志和"心志平和"这个名字的来历,让我们品味到张志和之所以"不须归",不仅仅是因为迷人的风景和垂钓的乐趣,更是因为对这样悠闲自在生活的向往。他厌倦了朝廷的勾心斗角，觉得荣华富贵只不过是过眼云烟，他隐居在太湖一带，扁舟垂钓，自称"烟波钓徒"。

色彩鲜明，构思巧妙，寥寥几笔，一位悠闲的渔父形象便跃然纸上，自然而然，悠然脱俗。

最后，回味最艰辛的垂钓者。

范仲淹是江苏吴县人，生长在松江边上。他在饮酒品鱼、观赏风景的时候，看到风浪中起伏的小船，由此联想到渔民捕鱼（现在通常说"钓鲈鱼"，但不知当时是以何种方式捕获鲈鱼，姑且称之为"渔民捕鱼"）的艰辛和危险，情动而辞发，创作出言浅意深的《江上渔者》。诗云：

> 江上往来人，但爱鲈鱼美。
> 君看一叶舟，出没风波里。

这首诗编入统编教材六年级下册的"古诗词诵读"中。全诗语言质朴、形象、生动，仅二十个字，但言近而旨远，词浅而意深，可以引发丰富的联想，有"谁知盘中餐，粒粒皆辛苦"之意，蕴含作者"先天下之忧而忧，后天下之乐而乐"的思想。

首句写江岸上人来人往，熙熙攘攘，十分热闹。次句写岸上人的心态，揭示"往来"的原因是"但爱鲈鱼美"，世人只爱鲈鱼的鲜美，却无人怜惜打鱼人的辛苦，这是世道之不公平。

读着后面两句，我们仿佛看到捕鱼的情景：起伏的波浪中，有一叶小渔船，船上的渔夫正在捕鱼，那小小的渔船在波浪中忽隐忽现，一会儿露出水面，一会儿又被风浪隐没。此时，你能感受到诗人的内心吗？江上来来往往的人啊，你们只知道喜欢鲈鱼味道鲜美，可以一饱口福，你看那像一片树叶的小船，在风浪里多艰难、多危险啊！字里行间表达出诗人对渔人疾苦的同情，深含对"但爱鲈鱼美"的岸上人的规劝。"江上"和"风波"两种环境、"往来人"和"一叶舟"两种情态、"往来"和"出没"两种动态强烈对比，暗示了全诗主旨。

以上四首诗词虽然都与垂钓有关，但蕴含的深意却各不相同，其中意趣值得细细地咀嚼，慢慢地回味。垂钓有时超越了行动本身，而走向一种内心的意境，一人独钓一江秋,是一幅非常高远的场景。闲来静处,野外溪旁,一垂线,一钓钩,抛却生活的种种烦恼,拥抱大自然的气息。今天的我们怎能不从这些寓意深刻的垂钓诗词中感悟真谛,启迪人生?

[诗案]

妙趣无穷一钓竿

——五年级上册张志和《渔歌子》教学设计

【教学目标】

1. 有感情地朗读《渔歌子》,理解难懂的词语。
2. 想象词描绘的景象,体会动态描写和静态描写,感受诗人的情感。
3. 拓展阅读"垂钓诗词",感受"垂钓"的内涵,培养群诗主题阅读的兴趣。

【教学预设】

第一板块:专注之童趣,孤独之心声

1. 读《小儿垂钓》,感知专心钓鱼的小孩形象。

蓬头稚子学垂纶,侧坐莓苔草映身。路人借问遥招手,怕得鱼惊不应人。

在我国的诗歌宝库中,有很多诗词是写钓鱼的,我们二年级学过一首钓鱼诗《小儿垂钓》。一起来读读这首诗,你读到一个怎样的钓鱼人?

预设:这是一个专心致志钓鱼的孩子。

2. 读《江雪》,感知孤独的渔翁形象。

千山鸟飞绝,万径人踪灭。孤舟蓑笠翁,独钓寒江雪。

这首同样是二年级学过的诗,《江雪》所描绘的是怎样的一个渔翁呢?

预设:这首诗体现了一幅孤独的景象,让我们看到了一个孤独、冷清的渔翁。

3. 引出"垂钓"主题。

(1) 同样是垂钓图,却有着完全不一样的意境,你更喜欢哪一幅呢?让我们一起把这两首诗来读一读，你能把这两种不一样的画面读出来吗？试试吧！齐读《小儿垂钓》《江雪》。

（2）今天，让我们继续走进古诗词里的垂钓世界，品一品那一个个妙趣无穷的钓鱼人。板书课题：渔歌子。

4. 回顾诗和词的区别：一般来说，诗每句字数基本相同，但是词的句子有长有短，读起来有韵味，所以人们根据词的这个特点还给词取了个小名，叫长短句。词除了题目之外，还有一个固定的词牌名。"渔歌子"也是词牌名。

齐读诗题，注意不能把"子"读成轻声。

[设计意图] 回读曾经学过的两首描写钓鱼的诗《小儿垂钓》和《江雪》，展现在孩子面前的是《小儿垂钓》中的专心垂钓，《江雪》中的孤独垂钓。两首古诗，两种情感，两个境界，能激发孩子们探索"垂钓"主题诗歌的热情。随后引出"垂钓"主题，顺势进入《渔歌子》的学习，温故而知新，帮助学生勾连新旧知识，让学生能够在不同情境中灵活应用所学。

第二板块：归真之情怀

1. 读出词中画。

（1）多种方式朗读，读出节奏。

西塞山前白鹭飞，桃花流水鳜鱼肥。青箬笠，绿蓑衣，斜风细雨不须归。

（2）圈出词中的景物，感受动态描写和静态描写。

①预设：静态描写（西塞山、桃花、箬笠、蓑衣），动态描写（白鹭、流水、鳜鱼、斜风、细雨）。

②借助图片丰盈画面。指名将景物的图片贴到黑板上，看着图片再读诗句。

（3）感受词中的声色。

①学生听配乐朗诵，想象画面。让我们闭上眼睛，静静地走入这画中，通过丰富的想象来感受这词中的美妙世界。

②学生交流。预设：

西塞山前白鹭在自由地翱翔，江水中，肥美的鳜鱼欢快地游着。

桃花盛开了，是那样的鲜艳而饱满。

第7课 张志和《渔歌子》

一位老翁戴着青色的箬笠，披着绿色的蓑衣，在斜风细雨中垂钓，他被美丽的春景迷住了，连下了雨都不回家。

在此过程中，引导学生理解词句的意思，把画面说具体，说生动。

③配乐齐读。

2. 品味词中情

（1）张志和说斜风细雨不须归，他的哥哥可着急了，于是这样来劝弟弟。出示《和答弟志和渔父歌》，师读。

乐是风波钓是闲，草堂松径已胜攀。太湖水，洞庭山，狂风浪起且须还。

（2）他在劝弟弟什么呢？预设：他在劝弟弟回家。哪里听出来的？预设：狂风浪起且须还。

（3）师生合作对读两首词，质疑"为何不归"。

预设：张志和因为这里的风景太美了不想回去。

预设：还因为享受钓鱼的乐趣而不想回家。

（4）师介绍张志和的生平，引导学生感悟张志和"不须归"是因为他厌倦了朝廷的勾心斗角，想过悠闲自在的生活。

3. 配乐背诵全词

[设计意图]《渔歌子》这首词只有短短的27个字，应该把它先读厚。根据《渔歌子》词中有画、词中寄情这两个特点，通过想象画面、补充资料丰厚学生对古诗的理解。

第一，读出"词中画"，丰盈画面。古诗的意境悠长深远，每一首诗都有一个浓缩的生活场景，为学生提供了想象的空间。在音乐伴奏下，通过范读，引导学生在创设的情境下想象，说一说："你仿佛看到了什么样的美景？你好像听到了什么？"引导学生具体描述心中的美景，让他们心中的画面有色彩，有声音，有动感。

第二，品味"词中情"。张志和笔下的渔翁为何不归，应该不难理解，但是需要真正地体会到其中的奥妙，并想在孩子们心头留下一种情怀，就不容易了。此处需要引用颜真卿的话，以及补充张志和"心志平和"这个名字的来历，让学生深刻感受到张志和不仅仅留恋美景和钓鱼的乐趣，更因为向往悠闲自在的生活而"不须归"，体会渔翁的悠闲、豁达。

第三板块：风波之艰辛

1. 小组合作阅读《江上渔者》。

江上往来人，但爱鲈鱼美。君看一叶舟，出没风波里。

预设提示：（1）各学习小组以自己喜欢的方式朗读古诗，不少于三遍。（2）通过借助注释、想象画面的方法，说说你的所见所感。

2. 品读交流。

（1）学习小组用不同形式展示朗读。

（2）交流理解：江上来来往往无数人，只知喜爱鲈鱼之鲜美。你看那一叶小小渔船，时隐时现在滔滔风浪里。

（3）从这首诗中感受到渔民打鱼的艰辛。

3. 补充资料，进一步体会渔民们"风波之艰辛"。

范仲淹是江苏吴县人，生长在松江边上。他在饮酒品鱼、观赏风景的时候，看到风浪中起伏的小船，由此联想到渔民打鱼的艰辛和危险，情动而辞发，创作出言浅意深的《江上渔者》。

4. 配乐朗读《江上渔者》。

[设计意图] 同类别的组诗阅读在内容和情感上更具延续性和有效性。而同类诗词的学习，还应着力培养学生学习能力，实现学习方法的迁移，为学生搭建多维度的阅读支架，让学生掌握阅读的方法，引导学生小组合作、自主探究。学生通过小组朗读、借助注释、想象画面等方法，读懂《江上渔者》的诗意，想象画面，体悟情感，切实提高阅读、品析、欣赏古诗词的能力，达成"学习阅读的方法，学习有方法的阅读"这一目标。

第四板块：垂钓之妙趣

1. 比较四首诗词，感受"垂钓"的意义。

预设：《小儿垂钓》让我们看到了专心钓鱼的孩子，感受到了童真的乐趣；《江雪》勾画了独钓寒江的渔翁形象，表达诗人孤寂的情绪；张志和在《渔歌子》中钓得了悠闲自在的生活；《江上渔者》是诗人对渔人疾苦的同情和怜惜。

小结："垂钓"主题的诗词，或讴歌生活，或抒发情怀，或歌颂劳动，或怜悯百姓，或托物言志，或警示人生，细细赏玩，妙趣无比，回味无穷。

2. 推荐阅读"垂钓"诗词，发现古诗词里的垂钓之乐。

推荐学生阅读"垂钓"主题的诗词《题秋江独钓图》《观游鱼》《江村即事》，鼓励学生自主拓展学习，并用摘录、诗配画、制作小诗集等形式进行积累与分享。

[设计意图]　四首古诗词展现了不同的垂钓世界：专注之童趣，孤独之心声，归真之情怀，风波之艰辛。走进垂钓世界，就能感受到不同的钓鱼者形象。这样的整合学习，增加了古诗词阅读量，也有利于学生在对比中深化对诗词的理解。课的最后，推荐学生阅读"垂钓"主题的诗词，鼓励学生拓展学习，并用摘录、诗配画、制作小诗集等形式进行积累，让学生继续去探索中国文人历来推崇的"垂钓"文化，去发现美、欣赏美。

第 8 课　范成大《四时田园杂兴》

[诗话]

田 园 寻 童

——读范成大《四时田园杂兴》

　　在统编教材的课文中，有关儿童的古诗词不在少数。高鼎的《村居》，袁枚的《所见》，杨万里的《宿新市徐公店》《稚子弄冰》，叶绍翁的《夜书所见》，范成大的《四时田园杂兴》（其二十五）（其三十一）等，都是脍炙人口的佳作。这些诗歌中有的是直接描写儿童生活的，有的是借儿童描写乡村生活的，但由于中国历史上长期的"儿童缺位"的原因，在实际教学中却很少触及"儿童"脉搏，往往在自觉或是不自觉中回避了儿童作为独立个体生命存在的阅读命题。于是，诗歌中自有的那一份属于儿童特有的"真、善、美"和"奇、趣、险"没能得到充分展现；丰实、鲜活的儿童形象恍若一种虚无、一份缥缈。

　　教师若能贴着儿童阅读诗歌，捕捉诗中自有的童趣、童真，然后从儿童认知水平、心理需求、能力发展出发，进行适度、适时、适宜拓展，定能在课堂上和儿童一起在诗海中寻得一个浑然天成的"儿童",让课堂真正成为"为儿童"的课堂。

《四时田园杂兴》是南宋诗人范成大晚年退居家乡石湖后写的一组田园诗,也是诗人留给后人的最后一个诗歌宝库。钱锺书在《宋诗选注》中评价这些田园诗为"中国古代田园诗的集大成"。这一组诗分春日、晚春、夏日、秋日、冬日五部分,每部分各十二首,共六十首。其三十一入选统编教材五年级下册第一单元中,诗云:

> 昼出耘田夜绩麻,村庄儿女各当家。
> 童孙未解供耕织,也傍桑阴学种瓜。

诗中描写初夏时节农村中常见的生活场景,但也颇有特色:先以"昼耘夜绩""男耕女织"直接描绘了农村男女各自的劳动场面,然后以孩子们不懂耕不懂织却也不愿闲着为由,描绘了儿童在茂盛桑阴底下"学种瓜"的画面,读来意趣横生。透过"学种瓜"这三个字,儿童的天真以及天真中散发出来的朴实与勤勉跃然纸上。

在上面的诗中,我们看到初夏时节田园中勤奋劳作的人。那么,田园中的景色又是如何的呢?组诗其二十五,这样写:

> 梅子金黄杏子肥,麦花雪白菜花稀。
> 日长篱落无人过,惟有蜻蜓蛱蝶飞。

这首诗入选统编教材四年级下册第一单元,描绘了一幅田园初夏图。一、二两句,诗人善用颜色对仗——"金黄"对"雪白",更巧用一组形容词替换色彩词对仗——"肥"对"稀"。若是诗人都直接用色彩词来写,那这两句甚是好玩——"梅子金黄杏子黄,麦花雪白菜花黄",那这首诗可真就"黄"了。这一"肥",不但写出了杏子成熟时的色泽金黄,更是透着丝丝甜意;这一"稀",则写出了菜花稀稀疏疏,慢慢凋谢,有的已经结出绿油油的菜籽了。读着这样的诗句,心中自是喜不自胜。而这宁静祥和、甜美闲适农家风光的背后,因为有农人的早出晚归与辛勤忙碌,也是诗三、四两句的"日长篱落无人过,惟有蜻蜓蛱蝶飞"的缘由所在。诗中"蜓飞蝶舞"是画面的点睛之笔,以动衬静,让静谧的田园更显静谧。"无人过"三个字从侧面写出初夏农事正忙,昼长人稀,各自忙碌去了。如果把其三十一放进来对读,试问"日长篱落无人过",这田园中的人去哪儿了呢?那就是"昼出耘田夜绩麻,村庄儿女各当家",那就是"童孙未解供耕织,也傍桑阴学种瓜"。

如此,两首诗一事一景,相得益彰。而田园意境凸显活泼自然之韵味的当属那个"学种瓜"的童孙也。在范成大的四时田园里,可以说无"童孙"不"田园"。当你细细捧读这六十首田园诗,哪怕只是浏览,你也能读见"山童""儿孙""小童""童子"这样的鲜活的词,这样鲜活的生命。这些小童他们都在做什么呢?有的在"斗草","社下烧钱鼓似雷,日斜扶得醉翁回。青枝满地花狼藉,知是儿孙斗草来"(其五);有的"放燕飞","雨后山家起较迟,天窗晓色半熹微。老翁欹枕听莺啭,童子开门放燕飞"(其二十三);有的在"编阑","乌乌投林过客稀,前山烟暝到柴扉。小童一棹舟如叶,独自编阑鸭阵归"(其二十四);有的忙"解围","静看檐蛛结网低,无端妨碍小虫飞。蜻蜓倒挂蜂儿窘,催唤山童为解围"(其四十)……你看,800多年前的那些小童和如今的这些孩子,他们之间有几分"相近",又有几许"相远"呢?

一位年近花甲的老人,他用诗歌记录了自己长达十年的"归田园,带月荷锄"的晚年生活,他的生活里充满着儿童的欢声笑语。冰心说"只拣儿童多处行",我们何不与孩子们一起走进那个遥而不远的山野田园,寻得一个本该属于他们的自由且自在的童年呢?

带着这样的思考,重读教材内的一首首诗:《村居》《所见》《宿新市徐公店》《稚子弄冰》《夜书所见》……再由这一首首诗读开去,你会惊讶地、快乐地合不上嘴,你读见了一个个"儿童",你读见了一个个"自己"!春天的时候,你在"追黄蝶",你在"放纸鸢";夏天的时候,你在"捕鸣蝉",你在"学垂钓";秋天的时候,你在"挑促织",你在"识朗月";冬天的时候,你在干什么呢?

由此,一个关于"儿童"的群诗主题教学的蓝图慢慢清晰起来,何不一起走进山野田园寻童去……

[诗案]

山野田园寻童去

——五年级下册范成大《四时田园杂兴》（其三十一）教学设计

【教学目标】

1. 通过聊读回顾《所见》等三首诗歌，聚焦童年游戏。

2. 以"自由朗读""对比问读""小组素读"等方式，阅读《四时田园杂兴》（六首），体会诗歌表达的童真、童趣。

3. 通过诵读，感悟"儿童"的特殊意义。

【教学预设】

第一板块：聊读圈词，寻得童趣

1. 聊读《所见》。

预设：诗题是《所见》，你见到了什么呢？圈一圈，读一读。板书：牧童捕鸣蝉。

2. 聊读《宿新市徐公店》。板书：儿童追黄蝶。

3. 聊读《夜书所见》。板书：儿童挑促织。

4. 小结。读板书，说说自己的体会。板书：山野田园寻童去

[设计意图] 儿童学习是一个需要不断唤醒，不断前行的过程。如果仅仅是为复习而复现，那么，这样的"温故"自然少了很多"知新"的乐趣。在这个板块中，聊读三首语文书中的诗歌，慢慢地见到"儿童"，想起"自己"。在"异中见同"的分分秒秒之中，学生的内心世界多了一次全新的经历。这样的聊读，既是课堂的引子，也是儿童情趣的起点。

第二板块：品读田园，再寻童趣

1. 读题《四时田园杂兴》，你能从题目上寻得一点点"童趣"吗？

2. 读诗，正音，圈词。说说你会在黑板上留下哪几个字？

预设：童孙　学种瓜

3. 问问读读，了解诗意。

预设：

儿童靠近桑阴干什么呢？朗读——也傍桑阴学种瓜

儿童为何靠近桑阴学着种？朗读——童孙未解供耕织

谁在耕来谁在织？朗读——村庄儿女各当家（男耕女织）

何时耕来何时织？朗读——昼出耘田夜绩麻（昼耕夜织）

4. 小结：对比阅读板书，你发现"学种瓜"里多了一点点什么呢？

[设计意图] "顺藤摸瓜"是儿童基本的学科阅读方法，也比较符合儿童学习的心理逻辑。在这个板块中，教师引导孩子顺着"儿童"这根"藤"，摸到了一只真正的"瓜"——学种瓜。再借助"问问读读"的古诗阅读方法，孩子既读懂了诗的大意，也读出了农民的朴实与勤勉，丰富了"儿童"意象的建构。

第三板块：素读田园，寻童而去

1. 夏日田园景色又是怎样的呢？出示《四时田园杂兴》（梅子金黄杏子肥），指名读诗。

2. 读读田园的色彩，读读田园的虫儿。

预设：田园有怎样的色彩呢？田园有怎样的虫儿呢？

3. 激问："无人过"，儿童去哪儿了呢？（预设：学种瓜）看图背诵《四时田园杂兴》（昼出耘田夜绩麻）。板书：山野田园寻童去

[设计意图] 此处引入同是"夏日田园杂兴"12首的其中一诗——梅子金黄杏子肥，一是带着孩子慢慢走进范成大的《四时田园杂兴》，让孩子看到一个更大的"田园"。二是激发孩子站在自己的视角体验田园的夏日景语：或许是缤纷，因为金黄的、酸酸甜甜的梅子与杏子，可以让孩子直流口水；或许是自在，因为飞舞的蜻蜓与蝴蝶在自由穿行；也有可能是孤单，因为如此纯美的画面里却"无人过"，这是一份多么与众不同的孤单啊！三是顺势而背、借图成诵。

4. 追问：儿童还会去哪儿呢？推荐另外四首《四时田园杂兴》。

5. 小组学习，素读另外四首《四时田园杂兴》。

(1) 自选一首，读读圈圈。

(2) 小组分享：我知道儿童去哪儿了。

6. 朗读板书，读懂"儿童"。预设：①假如没有了这一个个"儿童"，范成大的田园将会少了什么？②不同的时代，不同的诗人，不同的诗歌，为什么会有着如此相似的"儿童"呢？

[设计意图] 在这个板块中，选取四首《四时田园杂兴》，分别是"社下烧钱鼓似雷""静看檐蛛结网低""雨后山家起较迟"和"乌乌投林过客稀"，以小组素读的方式，感受儿童的乐趣，印证"儿童"的诗意存在。最后在复沓回环的朗读中，思考与发现"儿童"的真正意义，体现群诗主题阅读的课程价值。

第四板块：画读田园，复归儿童

1. 诵读一首自己最喜欢的诗歌，回味自己印象最深的画面。

2. 作业超市。①自选一首喜欢的诗，书写，诵读。②自选一首喜欢的诗，书写，插画，做成书页。

[设计意图] 从"聊读"到"品读"，再从"品读"到"素读"，到"画读"，全课以"读"贯之。"读"中可见教师自己的儿童观，"读"中可见课堂的诗意灵魂，"读"中可见学生的生命拔节。因为，诗可"见"，不可"解"。因为我们都想重返人生的"童年"。

第9课　杨万里《稚子弄冰》

[诗话]

稚子奇思

——读杨万里《稚子弄冰》与《舟过安仁》

统编小学语文教材中，描写儿童的古诗词不在少数。高鼎的《村居》、胡令能的《小儿垂钓》、袁枚的《所见》、叶绍翁的《夜书所见》等，都是脍炙人口的佳作。他们一般都是以长者的身份，从旁观者的角度描写儿童生活。因此，儿童的真、善、美并没有得到充分展现，儿童的形象也不够丰实、鲜活。

《孟子·离娄章句下》中说："大人者，不失其赤子之心者也。"意思是说伟大的人不偏离他的纯洁、善良的心。在浩渺诗海中，真正把自己融入儿童生活的古代诗人只有一位——杨万里，他是"诚斋体"的开创者，南宋著名诗人，也是"中兴四大诗人"之一。之所以这样说，理由有二：第一，他是流传至今的写作儿童题材诗歌最多的一位诗人，大概有30多首；第二，他是真正做到以欣赏、尊重的眼光描写儿童生活，把儿童当作独立的个体生命描摹的古代诗人。

第9课 杨万里《稚子弄冰》

杨万里的笔下有午休之后,"日长睡起无情思,闲看儿童捉柳花"(《闲居初夏午睡起》)的闲态,他的笔下有晨起散步,看"儿童急走追黄蝶,飞入菜花无处寻"(《宿新市徐公店》)的萌态,他的笔下还有桑茶道中,看"童子柳阴眠正着,一牛吃过柳阴西"(《桑茶坑道中》)的憨态,一个个充满稚态的儿童,丰富了田园的诗境。诗人写儿童,也是在写自己,写人生最美好的时光,也写自己的童年。

在统编小学语文教材五年级下册第一单元中有他的一首小诗《稚子弄冰》。小诗描写了小孩子冬晨弄冰的场面,儿童稚气活泼、别具情趣的形象跃然纸上。诗曰:

稚子金盆脱晓冰,彩丝穿取当银钲。

敲成玉磬穿林响,忽作玻璃碎地声。

先写脱冰。一个"晓"字,暗暗告诉读者,诗中的小孩早就盼着鸡叫天明,完全无惧滴水成冰的寒气,甚至可以大胆猜想这盆中的水,也是小孩子睡前特意倒下去的。于是,读者看见这样一幕:天刚亮,一个小孩穿着厚厚的棉袄,衣角随风飘动,他跑到室外,伸出白嫩的小手,小心翼翼地沿着盆的边缘把冰和盆分离,取出盆中的冰块。那冰圆润剔透,极其美观,极其诱人。

其次穿线。聪明的孩子有聪明的玩法。这一块冰,那玩法可太多了,可以当冰片,在湖面上打水漂;可以当冰鞋,踩在上面,那就是一个武林高手——草上飞;还可以当冰球,追逐打闹,好不快活。不过,这一次,这个小孩在冰上"钻"了孔,穿上五色彩绳当银钲。诗人虽然没有写小孩如何在冰上钻孔穿线,但我们的孩子如此聪明,一定也有许多穿线的奇思妙想。笔者记得儿时小伙伴爱用一根麦管吹气,用嘴中呼出的热气在冰上融出一个圆圆的小孔,遇上冰块稍稍厚一点的时候,那也是要"脸红脖子粗"的。

再是敲冰。提着自己亲手做的冰钲,那定是一路心花怒放。那银晃晃的冰钲,在五彩丝线的映衬下,更加亮得晃眼。再拿小竹棒,或是一根竹筷,轻轻一敲,那声音竟像击打玉磬般响亮而动听。美妙的乐曲飘出小院,穿过树林,打破了冬晨的宁静。透过一个"敲"字,读者可以想见一个满脸洋溢着得意笑容的小孩子,他为自己的聪明才智而得意洋洋。

最后碎地。你听，那敲锣儿的声音越来越紧、越来越响……你刚想喊一声——小鬼，当心碎了！忽听，"啪啦"一声，冰钲迸碎落地，发出像敲碎玻璃（诗中的玻璃，并不是现在我们所说的"玻璃"，而是指一种天然玉石，也叫水玉）一样的声响。诗写到这"碎地声"就戛然而止了，也不知这诗中的孩子是会大哭一场呢，还是会咯咯地笑起来？这就全凭读者自己去想象吧！我只记得自己小时候先是被这碎地声震住了，然后拿这敲碎的银钲变成了新的玩具，直到最后两手空空，才心满意足而归。

在滴水成冰的日子，冬天之于儿童的乐趣尽在"敲成玉磬穿林响"的嬉闹中。孩子的奇思妙想，让诗人不禁想起自己的童年；诗人的生动描绘，让读者不禁想起自己的童年，这样的共情，就是一种美的享受。

在原人教版五年级下册中，收录了杨万里的另外一首小诗《舟过安仁》。全诗通过对两小童"无雨张伞"的怪异行为的描写，表现了两小童奇特又富有奇趣的想象力。诗曰：

一叶渔船两小童，收篙停棹坐船中。

怪生无雨都张伞，不是遮头是使风。

诗的一、二两句，先写渔船小童。渔船是"一叶"，"小童"有两个，这样的景象在水乡是司空见惯，本不足以引起诗人的注意。再是收篙停棹，无雨张伞。只见舟上小童闲坐着，也不撑篙，也不划桨。其实，如果仅此，也并无所奇，那个放牛的小牧童不也任凭牛儿独个儿吃草，自己呼呼大睡？这两小童大概也是任凭小舟随波逐流，这才"收篙停棹坐船中"的吧？还没等诗人想明白呢，只见两小童笑嘻嘻地打开大大的竹伞。这又是要干吗呀？这大晴天的，莫非是为了遮挡强烈的阳光吗？诗人心中的疑团是一个接着一个，但这些疑问诗人一概没写，都藏在诗句背后。

诗的三、四两句，直接答疑解惑——怪生无雨都张伞，不是遮头是使风。原来，是因为"使风"，所以"张伞"。诗人采用因果倒装的表达结构，强调了"因"。这样的写法倒不算什么新奇，如苏轼在《题西林壁》中这样写"不识庐山真面目，只缘身在此山中"，又如王安石在《梅花》中这样写"遥知不是雪，为有暗香来"。诗人章法的巧妙在于将"无雨张伞"这一所见嵌在答句之中，又以"怪生"二字,表现了其了解原因后的恍然大悟与哑然失笑,以及对两个童子撑伞行为背后的奇思妙想的啧啧赞赏。此时,再回读小诗开篇的"一叶"二字,自会了解诗人匠心独运——"一叶"原来也是为"使风"做铺垫呢!至于诗人心中的困惑是怎么解开的呢?那就由读者自己去想象吧!

读杨万里的童趣诗,有题材所见的风趣,有语言所含的生趣,有构思所藏的奇趣。他摆脱了固有做法,自成一"活法"——诚斋体。所谓"活法",源自江西诗派吕本中提出的"学诗当学活法",即根据自己所写内容随机变化。如武侠小说中世外高手,看似手中无招,然心中有招,实乃无招胜有招。用尚永亮教授的话来说,这是一种风行水上的诗学境界,即看着好像没有法,实则是有法度的;你说他有法度,却又立于法度之上,是活法,是妙法。诗人用自己的创作实践诠释了"兵无常势,水无常形。运用之妙,存乎一心"。

浅白如话的诗语,童趣盎然的诗境,全因诗人常怀一颗童心,未泯!

[诗案]

常怀一颗童心,未泯

——五年级下册杨万里《稚子弄冰》教学设计

【教学目标】

1. 会读诗中生字"稚""钲""磬",有感情地朗读、背诵《稚子弄冰》。
2. 边读边想象,体会诗中童年生活的乐趣和儿童的奇思妙想。
3. 通过群诗比读、想象改写等方法,体会诗人杨万里的赤子之心。

【教学预设】

第一板块:聊"儿戏",读古诗不古

1. 读子恺"古诗新画",聊童年儿戏。

预设:子恺漫画三幅:

（1）观漫画《忙趁东风放纸鸢》，聊聊"放风筝"。

（2）观漫画《秋千慵困解罗衣》，聊聊"荡秋千"。

（3）观漫画《也傍桑阴学种瓜》，聊聊"学农"。

2. 读词导入，了解诗人与诗题。

预设：读到诗人"杨万里"这三个字，你会想起曾经读过的哪首诗呢？

预设：诗中有画，画中有诗。这就是诗歌语言的魅力，诗的语言充满想象。请你读读这四个字——稚子弄冰（板书），你看见了怎样的画面？

[设计意图] 俞平伯评丰子恺的漫画："一片片的落英，都含蓄着人间的情味。"板块中的这些漫画有漫画的谐趣，更充满谐趣的诗意。这样的漫画，勾起儿童对自己童年往事的回忆。高鼎的"风筝"已经飞了160多年了，今天的孩子依然在飞；范成大的"学种瓜"，也已学了800多年了，今天的孩子依然在学农劳务；欧阳修的"秋千"，更是荡了900多年了，今天的孩子记忆中都有一个"秋千梦"。

正是这样的童趣之真，唤醒儿童的诗性光辉，让古诗不古。于是，牵着学生的手，一起去看见这节课要认识的诗人——杨万里，曾一起游览过、读过他的"小池"，曾与他一起"晓出净慈寺送林子方"，也一起"宿新市徐公店"；直到去猜一猜、想一想看见"稚子弄冰"时候的儿童相、儿童心。这也是在教材阅读学习中最后一次与杨万里相遇，为进一步感受一个有趣的杨万里做铺垫。

第二板块：说"弄冰"，识稚子之智

1. 一说弄冰之"弄"：学习小组根据学习活动提示，说说稚子如何弄冰？

预设提示：①各学习小组以自己喜欢的方式朗读古诗，不少于三遍。②通过借助注释、想象画面、联系生活的方法，说说稚子弄冰的过程。③组内合作画一幅简洁明了的稚子弄冰示意图。

2. 二说弄冰之"稚"：同桌讨论弄冰的稚子留给你怎样的印象呢？

预设：稚子不稚，却有奇智。其奇智体现在哪儿呢？

预设：在你的眼前，出现了一个怎样的稚子呢？你喜欢他吗？

3. 三说弄冰之"冰"：朗读全诗，与同学分享曾经的弄冰经历。

预设：江南的冬天并不算寒冷，但也时常能见到银闪闪的冰，你能与大家分享一下你的"弄冰"经历吗？

[设计意图] 读杨万里的《稚子弄冰》，最为珍贵的体验应该是在不起眼的生活小景中，看见童心之美、童心之趣。板块中的"三说弄冰"，步步为营，不断走进这个稚子弄冰之场。先是聚焦"弄"，抓住诗中的关键动词，解构稚子弄冰的整个过程，以及他的奇思妙想与奇妙体验，并把稚子的思维与活动，以图示的方法呈现在儿童自己的眼前。其次聚焦"稚"，通过教师引领追问，让诗中的稚子从诗句中立起来，走出来，成为儿童学习的同行者。最后聚焦"冰"，重构儿童自我之"智"，把令自己心动神移的"弄冰"记忆分享给同伴。

"三说弄冰"的学习经历，既品读了诗歌，也叩击了单元人文主题，更重要的是让诗中稚子与诗外儿童形成了情感共振与心灵共鸣。

第三板块：过"安仁"，见小童使风

1. 一过"安仁"，说画面：学习小组根据学习活动提示，说说舟过安仁所见？

预设提示：①各学习小组以自己喜欢的方式朗读古诗，不少于三遍。②通过借助注释、想象画面、联系生活的方法，说说你所见之画面。③组内合作画一幅简洁明了的小童使风的示意图。

2. 二过"安仁"，聊张伞：同桌共同讨论使风的小童留给你怎样的印象？

预设：小童不怪，可谓极乖。其极乖之处体现在哪儿呢？

预设：在你的眼前，出现了两个怎样的小童呢？你喜欢他们吗？

3. 三过"安仁"，比奇思：朗读全诗，与弄冰的稚子相比，这两个小童身上有何特别之处？

[设计意图] 在主题比较阅读的过程中，学习的其中一层意义在于迁移与发现。《舟过安仁》的学习既延续了学习方法的运用，也延续了对诗人笔下童年的感悟。通过互文比照学习，发现两首诗在刻画儿童动作的细腻与生动之处，也发现了对诗人童心表现的独到之处：一个侧重稚子玩得乐趣无穷，一个侧重小童玩得妙思无限。正是这样的不一样，呈现出一个完整的儿童形象。从某种意义上说，以杨万里的童诗为聚焦点，可以创设一个别样的项目化诗歌主题学习。

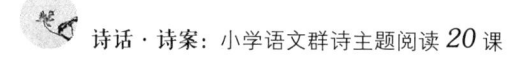

第四板块：读"儿童"，品诚斋赤心

1. 读诚斋"儿童之家"，悟一颗诗人童心。

预设：出示杨万里《闲居初夏午睡起》两首，同桌对读，说说诗人杨万里留给你的印象。感悟诗人笔下的"儿童之家"与诗人自怀一颗天真童心。

2. 赏子恺《护生画集》，写时光记忆。

给学生推荐丰子恺的《护生画集》，让他们寻找属于自己的童年记忆，并写一封信给自己的稚子时光，感悟常怀一颗童心的内生力量。

[设计意图] 诗人杨万里创造了一个意义非凡的"童真诗界"，进入他的充满生趣的言语中，就能感悟一颗颗天真烂漫的童心，也由此感受一个不一样的杨万里：有趣、有味，至情、至性。

课的最后，回到丰子恺的漫画，推荐阅读《护生画集》，激发学生看见一个更加宽泛、更加丰富的诗意童年的兴趣：对自己、对自然，始终怀着一颗好奇之心，一颗悲悯之心。这才是真正的童年，人生亦如这样的"童年"！

第 *10* 课　王昌龄《从军行》

[诗话]

边 关 玉 门

——读王昌龄《从军行》与王之涣《凉州词》

在诗词里，有两个"关"学生最为熟知，一是"阳关"，那是送别之地；二是"玉门关"，这是边塞之地。提到玉门关，学生首先想到的是王之涣那句"羌笛何须怨杨柳，春风不度玉门关"。巧得很，统编教材五年级下册第四单元的"日积月累"里编入了王之涣的这首《凉州词》。在这个单元的《古诗三首》中，编者还选入了"七绝圣手"王昌龄的《从军行》一诗。

《从军行》是汉乐府曲名，内容多写边塞情况和战士生活。王昌龄的《从军行》是一组组诗，共七首，这是其四，诗曰：

青海长云暗雪山，孤城遥望玉门关。

黄沙百战穿金甲，不破楼兰终不还。

诗的前两句直指玉门关要塞：青海长云暗雪山，孤城遥望玉门关。这两句诗人先用"广角"写景——以碧波万顷的青海湖和绵延千里的祁连山作背景。然后，把镜头推向"孤城"，这应是一座矗立在河西走廊荒漠之中的孤城，这座孤城曾是戍边将士生活和战斗的地方，它正与另一座军事要塞——玉门关遥遥相对。这两句一个广角鸟瞰，一个长焦聚焦。与其说这景是作者"遥望"所见，不如说是作者心中所见。并由这心中所见之景，升腾起一种由内而外的责任感与自豪感：黄沙百战穿金甲，不破楼兰终不还。"黄沙百战"，写出了西北边陲战时之漫长、战事之频繁、战斗之艰苦，也恰好印证了单元篇章页上清代诗人、思想家林则徐《赴戍登程口占示家人》一诗中"苟利国家生死以，岂因祸福避趋之"的诗句。因"百战"而"穿金甲"，但"穿"不破的是什么呢？穿不破的是身经百战的将士的豪壮的誓言——不破楼兰终不还！

这一份雄壮有力与戴叔伦笔下的《塞上曲》是何等相似啊！诗曰：

汉家旌帜满阴山，不遣胡儿匹马还。

愿得此身长报国，何须生入玉门关。

诗的第一句极尽夸张之手法，写出阴山之上漫山遍野都是汉军，旌旗招展。诗的第二句写将士们誓死灭敌的决心和气魄。这两句让人不禁联想到王昌龄的《出塞》（其一）的"但使龙城飞将在，不教胡马度阴山"。诗的后两句，作者反用班超"但愿生入玉门关"之意，写出了将士们强烈的报国志愿：为了报效祖国，时刻准备着身死沙场。清代诗人徐锡麟《出塞》一诗与此也有异曲同工之妙："军歌应唱大刀环，誓灭胡奴出玉关。只解沙场为国死，何须马革裹尸还。"

多少年来，当一批批学生读着"黄沙百战穿金甲，不破楼兰终不还"，读着"愿得此身长报国，何须生入玉门关"，读着"只解沙场为国死，何须马革裹尸还"这些激扬豪迈的文字时，无不为这些可敬的古代将士而自豪。因此，此时的"玉门关"不再给人悲怨，不再给人伤感。这一份激扬豪迈、雄壮有力与王之涣笔下的《凉州词》却是大相径庭的。诗云：

黄河远上白云间，一片孤城万仞山。

羌笛何须怨杨柳，春风不度玉门关。

一条波浪滔滔的黄河，竟像丝带逶迤，飞上云端。一座孤孤零零的边城，在万丈高山的怀中，独自兀立。羌笛啊，你何必奏出那哀怨的《折杨柳》？要知道：春风从来没有吹到过这边城——玉门关。诗人一路沿着黄河而上，初到凉州，面对黄河、边城的辽阔景象，又耳听着《折杨柳》曲，有感而发，写下了这首表现戍守边疆的士兵思念家乡情怀的诗作。此诗也被誉为唐代七言绝句的"压卷之作"。

明代的《汇编唐诗十集》云："一语不及征人，而征人之苦可想。"这苦就藏在"何须怨"三字中。因为这玉门关外本来就是春风吹不到的地方，因此羌笛啊，你"何须怨"杨柳！征人啊，你也"何须怨"帝王！诗句中的"春风"，除了指自然界春天和暖的东风，也暗指皇帝的关怀。在诗词中这样的诗句还很多见，如"春风又绿江南岸""春风得意马蹄疾"等。这是看得见的"苦"。诗中还有深藏着的看不见的苦——"远上"，"春风不度玉门关"，只因"黄河远上白云间"。用明代文学家杨慎所著《升庵诗话》来说："此诗言恩泽不及于边塞，所谓君门远于万里也。""远上白云"原本是多么绮美，想来比"远上寒山"更有意境，更带仙缘，可偏偏不是如此。从白云间奔腾而来的黄河水，并非都是"牛郎织女"般唯美，也夹带着几多悲凉，几多哀怨，如同它夹带着的泥沙一样，那是诗人的眼泪。这样的"眼泪"，千百年来，就这样滴落在玉门关上：李白说"秋风吹不尽，总是玉关情"；骆宾王说"魂迷金阙路，望断玉门关"。

边关玉门，历经岁月的淘洗，千余年来故址几经变迁，如今虽只剩下一个"小方盘城"的故址，但遥望边关玉门，依然令人心生崇敬——向英雄致敬！

[诗案]

一人一塞"玉门关"　一片冰心在玉壶

——五年级下册王昌龄《从军行》教学设计

【教学目标】

1. 正确、流利、有感情地朗读《从军行》与《凉州词》。

2. 通过借助注释、参阅地图、链接旧知、对比朗读等方法，了解两首诗歌意思，体会诗人各自的内心。

3. 加深对边塞诗的了解，感受"玉门关"在诗歌文化中的人文意义。

【教学预设】

第一板块：出塞，征人未还

1. 一起认读汉字"塞"。当这个字读四声的时候，你能组个词吗？由这个词，你会想到什么样的画面？

2. 一起回读《出塞》。这一首四年级时读的边塞诗，给你留下了怎样的印象？

预设：（1）将士戍边之苦：千百年来，边关战事不断，硝烟不绝，征人未还。

（2）将士戍边之志：千百年来，良将难求，企盼边关安定，拒敌千里之外。

（3）诗人报国之心：千百年来，物是人非，然初心不改，誓死抗击异族。

3. 导语小结。这让我想起了他当年赠别好友时说过的一句话："洛阳亲友如相问，一片冰心在玉壶。"你觉得此处的"一片冰心"是指什么呢？

[设计意图] 课始，以一个"塞"字引入，带领学生重温边塞诗人王昌龄的《出塞》，唤醒对边塞诗的记忆。四年级读《出塞》时单元人文主题是"天下兴亡，匹夫有责"，这与本单元的人文主题"苟利国家生死以，岂因祸福避趋之"，恰好是一种衔接与发展。四年级读《出塞》《凉州词》，学生初步感受了边塞诗的表达特色，如对边塞壮美风光的抒写，对边塞军旅生活的描摹等。这些回读与对话为领悟本课题旨做阅读积累、阅读体悟上的铺垫。

第二板块：入关，不破不还

1. 听朗读，导入。师范读王昌龄的《从军行》。再读一首七绝，去看看这"秦时明月汉时关"。指名读《从军行》。

2. 借注释解题。从军行，乐府曲名，通过观看微课"古诗小百科"了解"乐府"。预设：

（1）乐府是古代专门管理乐舞演唱教习的机构。西汉时，乐府的职责是采集民间歌谣或文人的诗来配乐，由其搜集整理的诗歌就叫"乐府诗"，或简称"乐府"。

（2）由"从军"二字，可知《从军行》一类的诗歌以描写战士的军旅生活为主。

(3) 你还能想起其他乐府诗的曲名吗?"凉州词"是不是汉乐府曲名呢?

3. 想象读,入关。小组共读,发现与《出塞》的关联之处。预设:

(1) 穿越时空的壮美风光。出示唐朝地图,从圈画的地点"青海""雪山""孤城""玉门关",感受诗人的视角极其辽远,这与"万里长征人未还"的"万里"暗合,体现边关环境之艰险。

【小组共读】
读"青海长云暗雪山,孤城遥望玉门关",你看到了什么?想到了什么?你的心情可以用诗句中的哪一个字来形容?

(2) 不顾生死的豪情壮志。观赏唐宋铠甲,朗读体味"黄沙百战穿金甲"战斗场景,感悟"不破楼兰终不还"的豪言壮语。

【小组共读】
读"黄沙百战穿金甲,不破楼兰终不还",你看到了什么?听到了什么?如果你是他们中的一员,你还会想到怎样的诗句?

(3) 生死同心的侠骨柔肠。对读《从军行》和《出塞》,感受诗人为国为民挺身而出,醉卧沙场的英雄气概。

【小组共读】
思辨:龙城飞将不在,又何必"不教胡马度阴山"?百战金甲已穿,又何苦"不破楼兰终不还"?你读懂了什么?

4. 导语小结。这又让我想起了他当年赠别好友时说过的一句话:"洛阳亲友如相问,一片冰心在玉壶。"你觉得此处的"一片冰心"指什么呢?

[设计意图] 在这个板块中,力求用三个叠加,引导学生穿越时光走进诗歌里的"玉门关"。一是"互联网+基本知识",让古诗"新"起来。如微课介入,帮助学生了解关于"乐府"的基本知识,运用电子地图帮助学生形成视觉认知,感受诗人取景的宏大,体验边塞风光的壮美辽阔。

二是"有感情朗读+想象",让古诗"动"起来。如两次小组的共读想象,让诗歌语言在读者的视觉、听觉、内心等多维度打开,使得静止语言通过声音动起来，在抑扬顿挫、轻重缓急的动态旋律中造境入情。

三是"诗歌互文+思辨"，让古诗"活"下去。将同为王昌龄的《出塞》与《从军行》进行比照碰撞，在思辨的过程中，学生体验戍边将士的初心不改，那才是"一片冰心在玉壶"。如当代杂文作家狄马所说："一个人如果真的养成了独立、自主、理性和思辨的思维习惯，那他已经是个现代公民了，语文教育的任务也就完成了大半，甚至是最重要的部分，知识的多少和观点的对错反而不那么重要了。"从这个意义上说，古诗词教学既要重视文化的传承与理解，更要关注思维的发展与提升。最是"思辨"能致远！

第三板块：问关，春风不度

1. 对比阅读。自由读《凉州词》，用韦恩图发现两首诗在描写景物和诗人内心情感的异同。

2. 朗读交流。预设：

（1）相同之处：似曾相识的景——孤城、玉门关、云、山；似曾相识的人——戍边将士。

（2）不同之处：似有不同的情——一个壮志豪情，"不破楼兰终不还"；一个略带哀怨，"春风不度玉门关"。

3. 深入探问。何须怨，是怨还是不怨呢？预设：

（1）为国戍边，"春风不度玉门关"，更难以到孤城，怨不怨呢？随机朗读"羌笛何须怨杨柳，春风不度玉门关"。

（2）为民平安，"春风不度玉门关"，也难以到孤城，怨不怨呢？随机朗读"羌笛何须怨杨柳，春风不度玉门关"。

4. 导语小结。这一次，你觉得"一片冰心"又指什么呢？

[设计意图] 在经历"入关"板块的学习之后，通过学法的迁移——想象读、思辨读，进入"问关"板块的学习，会自然许多。在学习支架韦恩图的帮助下，学生可以比较轻松地捕捉两首诗歌的异同处，同时锻炼学生的比较阅读素养，提升学生思维张力。尤其是思辨性问题的再呈现——何须怨，是怨还是不怨呢？再次点燃学生的思维火花，引领学生在古诗阅读中主动进入真思考、深思考

的真学习场，获得学习的成就感、成长感。导语小结的追问，如一条情感共鸣的主线，不断敲击和叩问学生的内心，同时也不断敲击和叩问诗人的内心，达成语文要素"体会人物的内心"的阅读目标。

第四板块：守关，壮志凌云

1. 引读诗句，谈体悟。预设：

（1）秦时明月汉时关，万里长征人未还。——唐·王昌龄《出塞》

（2）青海长云暗雪山，孤城遥望玉门关。——唐·王昌龄《从军行》

（3）羌笛何须怨杨柳，春风不度玉门关。——唐·王之涣《凉州词》

（4）愿得此身长报国，何须生入玉门关。——唐·戴叔伦《塞上曲》

2. 朗读写话，表心志。读着这样的诗句，你的内心有怎样的感触呢？引用其中一句，写一段内心独白，向英雄致敬。

3. 人物聚焦，拓阅读。课后小组探究作业，聚焦边塞诗人，领略边塞风物，感受边塞情怀。

[设计意图] 课末，以一个"关"字结课，带领学生饱含深情地串读"玉门关"，烙下对"玉门关"的深深印记。然后，以读写互生、共融的方式，将诗句内化到学生自己的课堂感悟中，在学生心中播下一颗英雄的种子！

第11课　李白《黄鹤楼送孟浩然之广陵》

[诗话]

踏 歌 岸 上

——读李白《赠汪伦》等送别诗四首

　　鲁迅先生在《且介亭杂文·序言》中指出："分类有益于揣摩文章。""类"，本义是指许多相同或相似的事物的综合；"分类"，则是按事物的性质划分类别。古代诗歌的分类，上自春秋时期《诗三百》的"风""雅""颂"，下至当代潘百齐先生编著的《全唐诗精华分类鉴赏集成》，不一而足。

　　诗歌分类主题阅读教学的研究基础，即依于此，生于此。比如送别诗，是抒发诗人离别之情的诗歌。南朝颜之推在《颜氏家训》中说道："别易会难，古人所重。"华夏民族崇尚友道、珍惜友情的优良传统，是古代诗词中"送别"的情感基础。在统编语文教材中，送别诗词不在少数，"诗仙"李白的送别诗占很大比例。如一年级下册"语文园地三"有《赠汪伦》，五年级下册第四单元"日积月累"中有《黄鹤楼送孟浩然之广陵》，七年级上册有《闻王昌龄左迁龙标遥有此寄》，八年级下册有《送友人》等。

通常我们读到"送别"二字，眼前浮现的就是离别的场面，心中体悟的就是不舍的情愫。但真正走进诗的字里行间去，就会重新发现"送别"的个中滋味。如王崧舟老师说："阅读，不过是以文本为镜，照见一个新的自己。你敞亮，文本才会对你敞亮；你敏感，文字才会对你敏感。"当我们带着这样一份"敞亮"和"敏感"，重读，细读，就会发现：别，是一番滋味在心头。如一首《赠汪伦》：

李白乘舟将欲行，忽闻岸上踏歌声。

桃花潭水深千尺，不及汪伦送我情。

诗歌前两句叙事，后两句抒情；前两句信口而吟，简洁明了，后两句脱口而出，言浅情深。以往，我们的阅读关注点在"桃花潭"，在"不及"。对于描写送别场面的前两句，往往虽知其"自然入妙"，但不知其所以为"妙"。依笔者来看，其"妙"有三：第一，首句直呼自己的姓名——"李白"，直率、洒脱。第二，"忽闻"二字与"将欲"照应，人未到声先闻的妙境自成。两位友人一个不辞而别，一个不期而至。这样的送别，不拘俗礼，自在了然。第三，"踏歌"二字与"忽闻"照应，此时，李白闻声回首，忽见汪伦边走边唱，手舞足蹈，心中惊喜不言而喻。说起踏歌，是一种古老的舞蹈形式，源自民间，兴起于两千多年前的汉代，风靡盛行于唐代。唐代诗人储光羲《蔷薇》中有诗句云："连袂蹋歌从此去，风吹香去逐人归。"顾况的《听山鹧鸪》则说："夜宿桃花村，踏歌接天晓。"还有"诗豪"刘禹锡不但在《竹枝词》中写道："杨柳青青江水平，闻郎江上踏歌声"，更是以"踏歌"入题，一首《踏歌行》开篇即写："春江月出大堤平，堤上女郎连袂行。"踏歌之舞，表达舞者"达欢"的心境，所谓"丰年人乐业，陇上踏歌行"，南宋画家马远还依此意境创作了一幅山水人物画《踏歌图》。"忽闻岸上踏歌声"，这一别，"喜"多于"依依不舍"，乃"喜别"是也。

在李白的心上，孟浩然的位置可非同一般啊！"吾爱孟夫子，风流天下闻"（李白《赠孟浩然》），就直白地道出了他对孟浩然钦慕之情；该诗尾联他这样说："高山安可仰，徒此揖清芬"，借"高山仰止"一典直接抒情，把长他12岁孟浩然的高雅品性比为巍峨峻拔的高山，令人仰止，同时也透露出此次专程去襄阳拜访孟浩然不得而见的遗憾之情。当李白得知孟浩然要去广陵（今江苏扬州），便托人带信，约孟浩然在江夏（今湖北武汉）相见。几日后，孟浩然如约而至，李白亲自到江边送别，写下了这首《黄鹤楼送孟浩然之广陵》：

> 故人西辞黄鹤楼，烟花三月下扬州。
>
> 孤帆远影碧空尽，唯见长江天际流。

前两句叙事，如同白话一般——巧嵌"时""地""人""事"四要素。"烟花三月"是送别之时，"黄鹤楼"是送别之地，"故人"是送别之人，"下扬州"乃诗人好友离别之事。这两句真乃天然去雕饰，清人孙洙誉为"千古丽句"。诗的后两句写景，恍似错话一般——江上有千帆竞发，却唯见孤帆消逝，实为余韵袅袅，含情脉脉。这次离别正是开元盛世之时，太平而又繁荣，又在烟花三月、春意盎然之时，从黄鹤楼顺江而下，一路繁花似锦。对于自称"五岳寻仙不辞远，一生好入名山游"的李白而言，这样的离别更添一种浓郁的携手同游的畅想。这一别，"恋"多于"依依不舍"，乃"恋别"是也。

再如，李白的《送友人》，令人断肠离离。诗曰：

> 青山横北郭，白水绕东城。此地一为别，孤蓬万里征。
>
> 浮云游子意，落日故人情。挥手自兹去，萧萧班马鸣。

青山、白水，北郭、东城，离别总在城外。千年驿道，万里征程，百感交集：浮云，是你飘忽不定的心情；落日，是我恋恋不舍的注视。终于要分手了，挥手的刹那：一个人望着另一个人，默默无语；一匹马望着另一匹马，萧萧长鸣。这样的画卷里，虽未见"送别"二字，其笔端却分明饱含着友人离别时的惆怅与哀伤。这一别，"哀"多于"依依不舍"，乃"哀别"也。

如果说当我们带着这样一份"敞亮"和"敏感"走进李白的《赠汪伦》，定格场景"闻踏歌"，见到一别"喜"；走进《黄鹤楼送孟浩然之广陵》，定格场景"孤帆尽"，见到一别"恋"；走进《送友人》，定格场景"挥手去""班马鸣"，见到一别"哀"。那么读着《闻王昌龄左迁龙标遥有此寄》一诗，又会定格怎样的场景，见到怎样的别呢？诗曰：

> 杨花落尽子规啼，闻道龙标过五溪。

> 我寄愁心与明月，随君直到夜郎西。

诗中有漂泊不定的"杨花"，有"不如归去"的"子规"，还有见证迁谪之荒远，道路之艰难的"五溪"，但这些都不及一轮写满忧愁的"明月"。为何这一别只定格场景"寄明月"？常喜把酒问月的诗仙自己说："今人不见古时月，今月曾经照古人。古人今人若流水，共看明月皆如此。"月，是明镜，分照两地。有"吴中四士"之称的张若虚说："此时相望不相闻，愿逐月华流照君。"月，是流影，千里可共。诗中不着悲痛之语，而悲痛之意自见。于是，寄给明月的"愁心"，其"愁"胜于"依依不舍"，这一别，是谓"愁别"。

在课堂上，师生循着这一条离别路，在一次次的朗读中，慢慢定格，慢慢品味。如此，一来二去，定能体验"别，是一番滋味在心头"。

[诗案]

别，是一番滋味在心头

——五年级下册李白《黄鹤楼送孟浩然之广陵》教学设计

【教学目标】

1. 以"猜读""问读"等方式，聊读李白《黄鹤楼送孟浩然之广陵》等四首送别诗，熟读成诵，聚焦"送别"主题。

2. 抓"闻踏歌""孤帆尽""挥手去""寄明月"等词，发现作者送别时的特殊场景，体会其别样的送别情感。

3. 通过比较研读、想象写话，感悟"送别"的特殊意义。

【教学预设】

第一板块：一别"喜"，闻踏歌

1. 聆听一曲《送别》，导入。

2. 猜读一幅书法作品，回读《赠汪伦》。

3. 讲述李白与汪伦的故事，解密"踏歌"。体会送别时李白心中的滋味，见到送别之"闻踏歌"。

板书：一别"喜"，闻踏歌。

[设计意图] "长亭外，古道边，芳草碧连天。"一阕歌词，一段旋律，勾起万般离别愁绪。"先生好游乎？此处有十里桃花。先生好饮乎？此处有万家酒店。"一个唐诗故事，成就一段友情佳话。课堂，就这样慢慢地展开了它的画卷。

子曰："温故而知新，可以为师矣。"重读《赠汪伦》，学生会有何新发现呢？答案就藏在"忽闻""踏歌声"里。学生在了解了"踏歌"文化之后，再辅之以朗读，有了情境的体验与情感的投入，也就还原了那潜在的、悦己悦人的离别滋味。而且，对宋代诗论家严羽提出作诗四忌"语忌直，意忌浅。脉忌露，味忌短"也会有新的认识。可谓一举两得！

第二板块：再别"恋"，孤帆尽

1. 猜读一幅插图，抓图上"楼"和"孤帆"，猜猜是李白的哪一首送别诗？指名背诵《黄鹤楼送孟浩然之广陵》。

2. 指名读《黄鹤楼》，听"崔颢题诗，李白搁笔"的传说故事。

3. 问问读读《黄鹤楼送孟浩然之广陵》，发现"孤帆"之"孤"与"不孤"，体会送别时李白心中流露出的留恋、憧憬之滋味。

板书：再别"恋"，孤帆尽。

[设计意图] 李白说："眼前有景道不得，崔颢题诗在上头。"之所以"有景道不得"，当然不是因为"崔颢题诗在上头"，只因情未到深处。当诗人在"天下江山第一楼"——黄鹤楼，送别自己崇敬的诗界名士——孟浩然，去游历江左名城——扬州，"三名"兼备，情动辞发，即有景入诗来。课堂，意在引导学生见到这一景——"孤帆尽"。在问问读读中，学生发现"孤帆"其实"不孤"，烟花三月，江面上会有多少船只往来穿行呢？该是"过尽千帆皆不是，斜晖脉脉水悠悠"啊！那为何说是"孤帆"呢？答案只有一个，套用一句歌词，那叫"我的眼里只有你"。于是，李白的恋恋不舍，李白的情深意切，都在这看似不合常理却最具情理的"孤帆远影碧空尽"中，如花绽放。

第三板块：三别"哀"，挥手去

1. 导入：我们成功回避了"依依惜别"，读出了送别诗不一样的滋味。据不完全统计，李白一生写送别诗160余首，读来"别有一番滋味在心头"，我们一起读读这一首《送友人》，体会体会这其中滋味。

2. 指名读，圈出不理解的字，如"郭""蓬""班"等。解字悟诗意。

3. 师生对读，趣改三字版《送友人》，感受诗歌"对偶"的表达特色。

4. 抓"挥手去""班马鸣"，写写送别心声，体会李白心中滋味。

板书：三别"哀"，挥手去（班马鸣）。

[设计意图] 在这个板块的学习中，会让学生"沉入词语"（南帆先生语），如切如磋，如琢如磨，感受汉字背后的故事，也会引领学生"趣读""趣改"，感受诗句表达的特色。当然，最要紧的还是定格送别场景，体会送别滋味。看，那久久挥动的双手；听，那马儿的嘶嘶长鸣，在潜心涵泳之后，学生与诗、与诗人心意相通，学生一旦融入这个境界里，就能和诗人心心相印了。

至此，"送别"多了一份别样的诗意存在。它不再是"依依不舍"的代名词，它拥有自己的灵魂与血脉。这样的诵读，就是和灵魂对话、和血脉相融。于是，群诗主题阅读的课程价值被照亮，被发现。

第四板块：四别"愁"，寄明月

1. 发现：对比读前三首送别诗，发现李白三别友人时特殊的表达密码——定格一个场景，一来"耳闻"，一来"目送"，一来"挥手"。

2. 激疑：若是在这个送别的场景中见不到友人，他又该如何相送呢？引读《闻王昌龄左迁龙标遥有此寄》。

3. 再发现：抓"我寄愁心与明月"表达送别心声。

板书：四别"愁"，寄明月。

4. 再存疑：千古话别千古情，别，是一番滋味在心头。这心头的滋味，你品出了几分？

[设计意图] "学贵有疑"，读诗亦如此！疑者，觉悟之机也，一番觉悟，一番长进。学中"激疑"，是对诗意表达的再发现。学后"存疑"，是对诗意诵

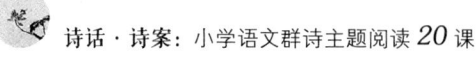

读的再体验，是对诗意人生的再叩问，也正应了一句诗："此情无计可消除，才下眉头，却上心头。"

从"一别，喜"到"再别，恋"，再到"三别，哀"与"四别，愁"……学生一步步领悟"别，是一番滋味在心头"。这样读诗，"读"中可见教师自己的课程观，"读"中可见课堂的诗意灵魂，"读"中可见学生的生命拔节。

朱光潜说："人须有生趣才能有生机。生趣是在生活中所领略得的快乐，生机是生活发扬所需要的力量。"把这句话借用到群诗主题教学上来也是一样的道理。一堂好的诗歌学习课，就需要"生趣"和"生机"两个要素：生趣领略的是诗词诵读的快乐，生机积蓄的是生命成长的力量。

如此，而已！

第 *12* 课　孟浩然《宿建德江》

[诗话]

江 月 近 人

——读孟浩然《宿建德江》与《自洛之越》

江南自古是一个可以疗愈伤痕的地方，却无法疗愈受伤的孟浩然。或许是因为他到江南的时机不对。可仔细想想，也不对啊，孟浩然在吴越漫游三年不止，江南繁花似锦的春天，他是肯定遇见过的。只能说他的伤有点深，所以日暮之下，一个羁旅夜泊的游子的愁就又生发出来了。于是他提笔写下《宿建德江》一诗：

　　移舟泊烟渚，日暮客愁新。

　　野旷天低树，江清月近人。

这首五绝收录在统编教材六年级上册第一单元中，单元人文主题是"背起行装出发吧，去触摸山川湖海的心跳"。读诗，读人。踏上烟渚，去触摸诗人孟浩然的心跳。闻一多先生说孟浩然的诗是"淡到看不见的诗"。那么，这一首《宿建德江》淡吗？

静淡的江景。全诗刻画了暮色迷蒙下的建德江。教材里的注释这样注解建德江：新安江流经建德（今属浙江）的一段。读这样的注释，大多数学生的脑海是一片空白的，极少的学生可能会有新的疑问——新安江又是什么呢？要让孩子真正了解建德江，就要走进诗里去，真正认识建德江不只是一条江。

"移舟泊烟渚，日暮客愁新。"诗人坐一条小船泛江而下，不知不觉已是日暮时分。他遥望天际，日西坠，霞光渐退，渐淡；眺望江面，烟雾起，水烟渐生，渐浓。这样的景致里，诗人原本缓慢的行程，或许更慢了，以至于放弃了赶路。看前方恰好有一小块陆地，索性嘱咐船家夜泊烟渚。四野里，无鸟鸣，无猿啼，无犬吠，无越歌；有树，有比树还低沉的天，有水，有比水还可亲的月。这便是"野旷天低树，江清月近人"给人的静谧与惬意。是文字，是想象，让我们的视线超越了江水，超越了青山，看到一条充满诗意的江。

素淡的新愁。身处如此静淡的画境，诗人的心开始不安分起来了，过往的种种慢慢浮现了出来。起先是客舟的清冷、烟渚的孤独、夕阳的残照，触发了诗人心中的愁绪，这是触景生情。之后是无边的旷野、是低垂的天幕、是近旁的明月，抒发了诗人心中的愁绪，慰藉了诗人的心灵，这是借景抒情。

大概是源于"何处合成愁，离人心上秋"的共感。因此，虽然全诗字里行间并未着点点秋意，但很多赏析的文字却认为此时的建德江应该是一条"秋江"。但对于学生而言，更想知道的是诗人到底因何而愁。少年不识愁滋味。在学生的生命认知里，这江景之美，恍如仙境一般，怎么会平添新愁呢？这就不得不知人论世一番了。

恬淡的生命。诗是诗人留下的生命痕迹。诗人的一生可以用"读书""闲游"二词概括。襄阳南园是他终老的地方，也是他早年苦读为学的地方。唐开元十六年（公元728年）冬天，孟浩然赴长安应试，结果进士不第。可见在唐代考个进士也非易事。但对于饱读诗书、年少负名的孟浩然来说，却是一击重锤，使他苦不堪言，在他日后的诗文中多有表露。

人生不得志，面向青山游。扬州、洛阳，还有吴越、峡蜀的山水，都留有他徜徉的足迹，以及寻找出仕门路的心迹。开元十八年（公元730年），孟浩然42岁，在人生不惑之年，他开启了长达四年的吴越漫游。诗人在《自洛之越》中这样描述内心的失意与愤懑：

> 遑遑三十载，书剑两无成。山水寻吴越，风尘厌洛京。
>
> 扁舟泛湖海，长揖谢公卿。且乐杯中物，谁论世上名。

三十年的寒窗，终究一事无成，未承想前半生的苦功，换来的却是下半生的无依，怎能不厌洛京之风尘？可紧接着一句"扁舟泛湖海，长揖谢公卿"，表明诗人徜徉山川湖海、作别官场阿谀的决心，也表现了诗人为人傲岸、绝不摇尾乞怜的气概。诗人虽素有强烈的报国之心，然当报国无门之时，果敢地告诉自己"且乐杯中物，谁论世上名"。

我猜想诗人从洛阳出发后，经汴河而入运河，然后顺着京杭大运河经黄鹤楼至扬州（有李白《送孟浩然之广陵》为证），最后从扬州到达"东南形胜，三吴都会"的钱塘。到了杭州之后，诗人先后游历绍兴、建德、新昌、天台、温州等地，他把身心融入吴越山水之中，救赎自我，最后他选择抛去烦恼，不媚权贵，归于恬淡。在这样的境遇之下，我们与诗人一同移舟建德江，看日暮时分广袤宁静的宇宙，明月伴人的江面，虽然看不见归栏的鸡鸭，虽然看不见归巢的鸟雀，但是心中有个声音一直在回响，那就是——回家。身在异乡，此时所有的路都指向家的方向，而照亮前行之路的是近旁的月。是过往，是江月，让我们体会这是一条生命洋溢之江。

好诗在他乡，好诗在路上。一首《宿建德江》，后人反反复复的阅读，走进诗人的心路历程，在孟浩然静淡的诗语里，读见一个被李白称之为"风流天下闻"的孟夫子！

[诗案]

一轮明月，几多愁思

——六年级上册孟浩然《宿建德江》教学设计

【教学目标】

1. 认识生字"渚"，了解"渚"的意思；会写生字"德"等，了解建德江。

2. 有感情地朗读《宿建德江》，通过诗中描写的景物展开想象，体会作者表达的思想情感。

3. 紧扣诗中"月"这一意象，参读有关"月"的诗句，加深对诗中"愁"的理解。

【教学预设】

第一板块：回读，又见"诗中月"

1. 朗读带"月"的诗句，望着这一轮明月，你会想到什么呢？

（1）一年级时，我们读过这样的诗句——

床前明月光，疑是地上霜。——［唐］李白《静夜思》

朗读。这是一轮床前月，举头望月，你想到了什么呢？

（2）三年级时，我们读过这样的诗句——

湖光秋月两相和，潭面无风镜未磨。——［唐］刘禹锡《望洞庭》

朗读，这是一轮湖上月，遥望秋月，你会想到什么呢？

（3）四年级时，我们读过这样的诗句——

秦时明月汉时关，万里长征人未还。——［唐］王昌龄《出塞》

朗读，这是一轮关中月，凝视山月，你会想起什么呢？

（4）五年级时，我们读过这样的诗句——

明月松间照，清泉石上流。——［唐］王维《山居秋暝》

朗读，这是一轮松间月，驻足静观，你又会想起什么呢？

2. 唐代诗人爱月，咏月诗篇不计其数，几乎人人笔下都有一个"月"。在盛唐有一位诗人，他出生在湖北襄阳，是山水田园诗的代表人物之一，字浩然，人送美名——诗星。你猜到他是谁了吗？

3. 读诗题《宿建德江》，诗题中的"宿"是何意呢？如《夜宿山寺》《宿新市徐公店》的"宿"，都是这个意思。建德江，你了解吗？（出示浙江水文图）诗人游吴越山水，提笔写下《宿建德江》。透过诗人的文字，我们又会看到怎样的景色呢？

［设计意图］ 在儿童的阅读世界里也有许许多多的"月"：有的月在童话里，有的月在传说里，有的月在诗歌里。在这里，一页一页翻过旧时的阅读记忆，用

最美的朗读之音,让一个一个月亮又重临课堂,重临儿童的心间,让学生感受明月背后的万般情绪。这也为整堂课走进孟浩然的《宿建德江》埋下伏笔。

第二板块:美读,想象"江上月"

1. 自读古诗,初步感知。生读诗。正音,指导认读字"渚"的字形、字义。

2. 字词品读,想象画面。师读诗。想象,透过诗人的文字,你看到了什么呢?

预设:江上小舟,烟笼沙渚;夕阳西沉,暮色深沉,孤身夜宿;旷野无边,天比树低;江水清清,月与人亲。

3. 配乐诵读,入境悟情。生诵读。思考,有人说,一切景语皆情语。透过这些景色,你能读懂诗人的情感吗?

预设:诗中一舟、一渚;一暮、一客;一旷野、一低天;一清江、一近月,都因一个"愁"字而生。想一想,此刻漫游在吴越山水的襄阳异客孟浩然,漂泊在这浩渺江河之上,他的新愁是什么呢?

[设计意图] 叶圣陶先生说:"美读是朗读的最高境界。所谓美读,就是把作者的感情在读的时候传达出来。"诗词的美读需要在读准起步,在读准的时候让言语的声音敲击朗读者的内心;以读好深入,在读好的时候借助想象看见言语作的画;以诵读化境,在读出情感的时候让心灵由诗词言语得到浸润与浸染。用朗读点亮诗人,用朗读点亮自己。在群诗主题阅读时凸显单首品读的重要性也是常用策略。

第三板块:参读,移情"月近人"

1. 设疑:游山玩水不是一件很快乐的事吗?愁从何来呢?
2. 参读孟浩然的《自洛之越》,了解"新愁"由来。

自洛之越

逴逴三十载,书剑两无成。

山水寻吴越,风尘厌洛京。

扁舟泛湖海,长揖谢公卿。

且乐杯中物,谁论世上名。

预设：

读着"遑遑三十载，书剑两无成"，你猜想诗人在想什么？

读着"且乐杯中物，谁论世上名"，你猜想诗人又在想什么？

3. 可当他"山水寻吴越"（学生接诵——"移舟泊烟渚"），可当他"扁舟泛湖海"（学生接诵——"日暮客愁新"），你猜想这位刚过不惑之年的诗人，他在想什么呢？（科举失意、漂泊之苦、思乡之情，一个字叫"愁"，两个字就叫孤独。）

4. 此刻，一轮江月近在身边（学生接诵——"野旷天低树，江清月近人"），他有多少心里话要向这江月倾诉（学生写话）。

5. 师生演读。

[设计意图] 如何了解诗词创作背景，继而走近诗人，更好地体悟诗词真正的情感？"以诗解诗"是一种不错的策略。通过诗与诗的比照参读，不但可以了解诗歌背景，还能促进深度学习。在教学中，紧扣单元语文素养"从所读的内容想开去"，形成课堂阅读方法的迁移与运用，从一般意义上的"读会"迈向深层意义上的"会读"。然后，通过读写互动达到以己及人的品读效果，更好地触摸诗人的心跳，听听诗人的心声。

第四板块：延读，追问"月下人"

1. 千百年来，多少人在月下生"愁"，配乐朗读诗句。

◎月落乌啼霜满天，江枫渔火对愁眠。——张继《枫桥夜泊》

◎我寄愁心与明月，随君直到夜郎西。——李白《闻王昌龄左迁龙标遥有此寄》

◎今夜月明人尽望，不知秋思落谁家。——王建《十五夜望月》

2. 引读《把酒问月》（节选）：

今人不见古时月，今月曾经照古人。古人今人若流水，共看明月皆如此。

设疑：千百年后的今天，你在明月之下又会想到什么呢？

3. 课后推荐，听读唐代诗人张若虚的《春江花月夜》。

[设计意图] 课堂至此，自然地回归"月"的意象。与课始不同，此处在情感体验上是一种求同——月下生愁。这是一种阅读体验的内聚，在一句句诗词的引读中，引领学生发现有人为自己愁，有人为他人愁。"千百年后的今天，你在

明月之下又会想到什么呢?"这一问,如一石激起千层浪,让六年级学生的诗性思维立刻活跃起来。子曰:"学而不思则罔,思而不学则殆。"只有读而入思,才能真正读见自己,才是"每有会意,便欣然忘食"的阅读初心所在。

第13课　刘禹锡《浪淘沙》

[诗话]

九 曲 黄 河

——读刘禹锡《浪淘沙》与王之涣《凉州词》

黄河，中华民族的母亲河。陕西省蓝田县发现的蓝田猿人化石证明，至少在70万年以前，在黄河流域就有了原始人的足迹。从远古到西汉，人们称黄河为"河"，比如，《山海经》中常有"流注于河"一说，这里的"河"，就是指黄河。另外，《水经注》中"上河"，《尚书》中"九河"，《史记》中"大河"，都是指黄河。

大约在东汉的时候才出现了"黄河"这个名称。到了唐宋，"黄河"这一名称才被广泛使用。但是，唐宋诗词中依然有很多诗句用"河"来代表黄河。如"长河落日圆"的"河"（王维《使至塞上》），又如"三万里河东入海"（陆游《秋夜将晓出篱门迎凉有感》）的"河"等。

那么，黄河的发源在哪里呢？《黄河》这样写道："河源发昆仑，连乾复浸坤。"这是唐人对黄河源头在昆仑山的一种模糊说法,一种神话想象。而这样的认识也绝非是独一无二的。有诗豪之称的唐代诗人刘禹锡在《浪淘沙》(其一)中这样写道:

> 九曲黄河万里沙,浪淘风簸自天涯。
> 如今直上银河去,同到牵牛织女家。

弯弯曲曲的黄河水挟带着万里泥沙,一路浪淘,一路风簸,如同来自天边。如今,我也沿着黄河,直飞上银河,好一起到牛郎和织女的家。诗人用浪漫主义的手法,描绘了黄河的雄伟瑰丽。这首诗被选入统编教材六年级上册第六单元。诗中"直上银河"既是奇想,也暗合了一个神话。话说汉武帝派张骞出使西域,除了解汉朝之危,从《汉书》记载中可见还有一个很少被提起的秘密——去找寻中国河(黄河)的河源。由此,古书上还留下了"张骞泛槎"的美丽传说:

传说张骞乘木筏溯河而上,航行了一个多月。一日,他见岸上有一城郭,犹如宫殿。遥望室内,有一女郎织锦;回头一望,又见一青年男子牵一牛在河边饮水。牵牛人见张骞,惊问:"你怎么到这里来了?"张骞说明来意,并问牵牛人:"这是什么地方?"牵牛人却说:"你回四川问严君平就知道了。"张骞下木筏,捡了一块石头,作为到此的凭证,又乘木筏回转。后到四川,见到严君平,把事情的经过又说了一遍。严君平说:"怪不得前些日子有一天我观察天象,看见有客人犯牵牛织女星,原来那人是你啊!"而张骞捡到的石头正是织女的支机石。据说成都严真观现在依然有一石,俗称支机石。

这样一来,诗人说"如今直上银河去,同到牵牛织女家",也就不难理解喽。明太祖朱元璋在诗中这样写:"九曲河深凝底冻,张骞无处再乘槎",似乎给自己无法"直上银河"加了一个最好的注解——冻。

相比于科学家们考察黄河之源,你是不是觉得"君不见,黄河之水天上来,奔流到海不复回"(李白《将进酒》)更有气势,更令人神往呢?冲风破浪、一往无前,是黄河;奔流不息、豁达乐观,是黄河;汹涌澎湃、悲情满怀,也是黄河。一起读读王之涣的《凉州词》:

> 黄河远上白云间,一片孤城万仞山。

羌笛何须怨杨柳，春风不度玉门关。

　　诗的开篇直指"黄河"，高原之上，一条大河从白云之间奔腾而来。这景象一下子就开阔了。接着诗人聚焦边塞孤城，这孤城竟是"一片"，城不是应该是"一座"吗？但细细读来，这"一片"并不违和。首先，"一片"有"一带"的意思，所以这孤城并不是孤零零一座城；其次，这里的"一片"有举重若轻、化大为小的表达效果，与刘禹锡笔下的洞庭君山"白银盘里一青螺"有异曲同工之妙；再者，这"一片"也巧妙地承接了上一句的"白云"。读诗要有一点想象力才好，带着想象力读诗，才能体会诗的美感，才能体验诗人的情感。读着这样的诗句，可以看见一片孤城在万仞高山和万里大河的怀抱之内巍然屹立，辽远而又略显荒凉，荒凉却也不失威严。

　　王之涣的诗多有散失，传世之作仅六首，辑入了《全唐诗》中。在这六首诗中，除了这一首《凉州词》被誉为唐代七言绝句的"压卷之作"外，还有几首也都是脍炙人口的佳作、名作。特别巧的是，这一首他写黄河"远上白云"，另一首《登鹳雀楼》他写黄河"奔流入海"——白日依山尽，黄河入海流。这十个字，语言朴素、浅显，把他登楼远眺所见万里河山尽收笔底，写得极为宽广辽远。杜甫在《戏题王宰画山水图歌》中说："尤工远势古莫比，咫尺应须论万里。"论画是这样，论诗也是如此。"白日依山尽，黄河入海流"，这两句诗就是"缩万里于咫尺"的神来之笔，使得咫尺之间拥有气吞万里之势。而《凉州词》的"黄河远上白云间，一片孤城万仞山"不也正是如此！

　　冲风破浪、一往无前，是黄河；奔流不息、豁达乐观，是黄河；汹涌澎湃、悲情满怀，也是黄河。不管世间的情如何变，在诗人看来这黄河之水从何来——"天上来"；又往哪里去——"入海流"，那是亘古不变的！诗仙李白说"君不见，黄河之水天上来，奔流到海不复回"。至于我们的科学家历尽艰辛，终于证实九曲黄河源自青藏高原巴颜喀拉山脉的卡日曲，而并非"昆仑"，更非"银河"，于诗人而言，那又有什么关系呢？

[诗案]

自天而来　向天而去

——六年级上册刘禹锡《浪淘沙》教学设计

【教学目标】

1. 以认读汉字"河"、引读词语"大河"等方式，了解黄河。

2. 朗读《浪淘沙》，通过抓关键词展开想象与诗歌对话，感受诗人表达的情感。

3. 借助诗文对照、资料拓展、回环诵读等，体会"我们是黄河的一部分，黄河也是我们的一部分"的人文意义。

【教学预设】

第一板块：认识一个汉字一条大河

1. 一起认读汉字"河"，了解汉字"河"的演变。

板书：河

2. 引读词语"流注于河""上河""九河""大河"，聚焦"河"。

板书：黄河

3. 指名用简略的语言介绍"我们的河——黄河"。

[设计意图]　诗是情趣的流露，文字就是情趣的契合。有时这种契合很隐秘，有时也很直白。这里以认读一个汉字、引读四个词语的方式，让隐秘在文字里的情趣再现于学生的眼前、脑海。然后通过言语支架"我们的河——黄河，她是……"介绍黄河，把隐藏在学生心中的情趣直白地表现出来。如此，营造起"转轴拨弦三两声，未成曲调先有情"的课堂画境。如果说"诗的境界是情趣和意象的融合"，那么，课堂的境界也是如此！

第二板块：回忆一个诗人几行诗句

1. 听描述，猜诗人与诗句。

（1）在唐代有一位诗人，他曾作《凉州词二首》，其中第一首，诗人以远眺一条大河开篇，描绘了边塞孤城的壮阔、苍凉之景。这位诗人是谁？这开篇两句诗是什么？

（2）在唐代有一位诗人，他以登高望远表现自己积极向上的胸襟抱负，诗的前两句诗人遥望一轮落日西坠，遥想一条大河奔流入海。这两句诗是什么？这位诗人是谁？

2. 对比阅读"黄河远上白云间，一片孤城万仞山"和"白日依山尽，黄河入海流"，体会"黄河远上"和"黄河入海"的别样滋味。

3. 此刻，你的脑海还会想起怎样的描写黄河的诗句？

[设计意图] 当学生有了对"黄河"的画像，当课堂有了对"诗意场"的体验，这一场指向黄河的诗意之旅就徐徐展开了。王之涣的"黄河"既有远上白云间的美丽遐想，也有东流入海的磅礴气势，为整堂课的学习埋下了课堂行走的伏笔、课堂情感的伏笔。

第三板块：品读一代诗豪一曲浪淘沙

1. 了解诗豪。你们记起了诗仙李白的"君不见，黄河之水天上来"，你们记起了诗佛王维的"长河落日圆"，你们也记起了刘禹锡，知道他的雅号是什么吗？

2. 朗读练习。指名读，师生共读，读准诗句，读好诗句。

3. 任务领学。以下两个任务任选一个完成，学习任务如下：

①和同桌说说，你看到了一条怎样的黄河？

②和同桌说说，你想到了一个怎样的传说？

4. 反馈任务一，朗读一、二句。

黄河是世界上含沙量最大的大河，其含沙量相当于长江的68倍。黄河每年从中上游带到下游的泥沙总重量达16亿吨，其中12亿吨被搬到了大海，4亿吨则沉积在下游河道中。

——摘自《黄河是怎样变化的》

（1）抓住关键词"九曲""万里沙""浪淘风簸"，对话黄河。补充资料，诗文对照朗读，加深对"浪淘沙"的体验。

（2）抓住关键词"黄河""自天涯"，对话黄河。补充短视频资料《黄河源头姊妹湖》，诗画对照朗读，加深对"自天涯"的体验。

（3）你看到了诗人笔下怎样的景？

5. 反馈任务二，朗读三、四句。

（1）抓住关键词"直上银河"，对话黄河。教师讲述"张骞泛槎"的传说，激起对黄河源头的遐想。

（2）抓住关键词"牵牛织女"，对话黄河。学生讲述"牛郎织女"的传说，激起"直上银河"的遐想。

（3）你看到了诗人笔下怎样的想象？

6. 师生呼应朗读。说说你体会到诗人内心怎样的情感？

[设计意图]　法国著名文艺思想家罗兰·巴特曾提出"作品诞生，作者已死"的理论。作者不再是作品唯一和永久的主人，作品拥有了更为自由的阐释空间，让语言获得了重生。而促使语言重生的是隐逸在文本背后的作者和站立在文本之前的读者。

从这个意义上说，本板块的学习意在通过任务领学的方式，借助直面语言本体，以"想象—对话—朗读"的方法，品读在诗歌中所见的景象、所感的情趣。在与诗歌语言的碰撞中，让诗人渐渐苏醒，一个"诗豪"慢慢鲜活于语言之上、学生之前。

这样的设计也为接下来通向"我们是黄河的一部分，黄河也是我们的一部分"的情感体验做情绪积淀。

第四板块：铭记我们的黄河我们的血脉

1. 师生合作点读单元人文主题。

我们是大地的一部分，大地也是我们的一部分。

我们是黄河的一部分，黄河也是我们的一部分。

2. 师生共同欣赏黄河入海口自然盛景，学生激情回读词语"流注于河""上河"

"九河""大河",教师回应"我们是黄河的一部分,黄河也是我们的一部分"。

3. 指名朗读梁衡散文《壶口瀑布》选段(见下表),教师回应"我们是黄河的一部分,黄河也是我们的一部分"。再配乐齐读"正像一个人,……也就铸成了自己伟大的性格。"

> 黄河博大宽厚,柔中有刚;挟而不服,压而不弯;不平则呼,遇强则抗;死地必生,勇往直前。正像一个人,经了许多磨难便有了自己的个性;黄河被两岸的山、地下的石逼得忽上忽下、忽左忽右时,也就铸成了自己伟大的性格。
>
> ——摘自统编语文教材八年级下册《壶口瀑布》

4. 思考:刘禹锡的身上有怎样伟大的性格呢?千百年来,为何每一个中国人的心中都有这样一条大河呢?

[设计意图] 朱光潜在《诗论》中说:"诗的情趣都从沉静中回味得来。"朗读涵泳是一种极好的"沉静中回味"的集体体验场。在这个板块中,师生先经历"替换朗读",把一句空泛的人文主题变成鲜活的课堂语境;再一起在唯美的黄河入海口画景中重温"流注于河""九河"这样的上古词语,把遥远的黄河再一次拉近,仿佛飞旋于大河之上;最后以配乐诵读梁衡的散文,引领学生感受诗与人合一的境界,用两个疑问敲击儿童自有的诗心、自有的哲学之心。宋人朱熹说:"读书无疑者,须教有疑,有疑者却要无疑,到这里方是长进。"

的确,到这里"方是长进",方能从"万里沙"中淘一颗"金"!

板书设计:

浪淘沙(其一)

写景		想象
九曲 万里沙	黄	直上银河去
浪淘 自天涯	河	牵牛织女家
极雄豪		极豪放
极豪迈的个性		

第14课　贺知章《回乡偶书》

[诗话]

镜　湖　垂　柳

——读贺知章《回乡偶书》《咏柳》

　　提起"四明狂客"贺知章，未必是妇孺皆知，但要是问起《咏柳》，那可是连三岁小儿都能张口就来的。其实，无论是在唐代的官场还是在唐代的诗界，甚至在唐代的书法界，贺知章都是文人骚客艳羡的对象。

　　在书法界，他以草隶见长。唐代著名书画理论家窦氏兄弟极其推崇贺知章，在《述书赋》中称其为"与造化相争，非人工所到"；温庭筠云："知章草书，笔力遒健，风尚高远。"李白在《送贺宾客归越》诗中将其喻为王羲之，有言"镜湖流水漾清波，狂客归舟逸兴多。山阴道士如相见，应写黄庭换白鹅。"可见贺知章在当时书法之声誉早已名满天下。画圣吴道子也曾向贺知章学过书法。流传到日本的贺知章的《孝经》草书，纵笔如飞，气息高古，受历代文人追捧。

　　在诗界，他与以"孤篇压全唐"的张若虚、人称"张癫"的狂草张旭、诗人包融，并称"吴中四士"；又与李白、李适之、李琎等谓"饮中八仙"。《饮中八仙歌》（杜甫诗）将其列在首位，诗曰："知章骑马似乘船，眼花落井水底眠。"说他喝醉以后骑在马上，就像坐在船上一样前俯后仰；掉到井里，不喊不闹，醉眼昏花地干脆就睡着了，这恰如其旷达豪放、风流潇洒的个性。

在官场，他少时即以诗文知名，37岁高中状元，之后一直在京城为官，从未被贬，一生见证了"贞观之治"与"开元盛世"，这样的"京官"履历，估计连诗仙李白都有几分垂涎吧！86岁那年（公元744年，也是他辞世之年），他大病一场，自觉时日不多，上疏求还乡里。临别时，唐玄宗亲自写诗相赠，令满朝文武放假一天，由皇子皇孙大摆筵席，为他饯行。这样的排场可以说是"前不见古人，后不见来者"。在短暂的归乡的日子里，他给后世留下了三首传诵千古的诗篇：《咏柳》与《回乡偶书》（二首）。小学语文统编教材中就有这其中的两首古诗：二年级下册的《咏柳》和六年级上册的《回乡偶书》（少小离家老大回）。

先说《咏柳》。贺知章将一棵唐朝的柳树栽插在世人心中，那随风飘荡的柳枝如历史的钟摆随着时光流逝，被春风反复吟咏。诗曰：

碧玉妆成一树高，万条垂下绿丝绦。

不知细叶谁裁出，二月春风似剪刀。

那一天，他从长安回来，皇亲国戚、亲朋好友的送别场景定还历历在目。漂泊在外的游子终于回家了。经历了半个世纪的沧海桑田，故乡的一草一木依然是那么熟悉、那么亲切。因为正值二月早春，柳芽初发，小草泛绿，一派生机勃勃。

这是一棵碧玉妆成的柳树，是家乡湖边翘首而望的亲人，那万条垂下的柳枝，是故乡招摇的手，在盼他归来。

通常我们说"杨柳"总和古人送别怀乡相伴。最早可以追溯到《诗经·小雅》中的《采薇》："昔我往矣，杨柳依依；今我来思，雨雪霏霏"四句，景中含情，道出了征人辞别家园的依恋感伤。由此"杨柳"这个意象注入了古人的惜别之情。加之"柳"谐音为"留"，常作留客之意，又因柳丝柔长，风吹而成缠绵难舍之状，成了离别时最优美动人、最情意缠绵的一个意象。李白一首《春夜洛城闻笛》中"此夜曲中闻折柳，何人不起故园情"，把这种情意推向了极致。

不过，读贺知章的《咏柳》，全然没有这样的伤感与忧愁，反而抒发了满心的欢喜与愉悦。诗的前两句集中笔墨描写那高高的、亭亭玉立的、婀娜多姿的柳树，柳化身为美人的形象出现，"高"字衬托出美人婀娜的风姿，"垂"字暗示出纤腰在风中摆动。第三句由"绿丝绦"展开联想：这细细的柳叶儿是谁裁剪出来的呢？"不知细叶谁裁出，二月春风似剪刀。"这两句一问一答，颇具神色。诗人将春风比作剪刀，形象而又生动。孙绍振先生说："这是诗人的锦心绣口，对汉语潜在功能的成功探索。而这种成功的探索，表现的并不仅仅是大自然的特征，更重要的是诗人对大自然的美的惊叹。"

美在哪里呢？这"剪刀"裁剪出大地的新妆，是春天活力的象征，又是春天美的形象大使。现代诗人杜荣琛在他的儿童诗《春天被卖光了》里这样写道："春天是一匹/世界上最美丽的彩布/燕子是个卖布郎/他随身带着一把剪刀/每天忙碌地东飞飞/西剪剪/把春天一寸寸卖光了。"读来是否也有贺知章《咏柳》的影子啊！

北大教授程郁缀先生说："歌颂初春的诗歌当中最有名的还是唐代诗人贺知章的《咏柳》。"一方面也足见《咏柳》一诗广为传颂，深受人们喜爱；另一方面也道出了《咏柳》岂止咏柳，更是咏春。"二月春风似剪刀"，这里的"春风"，首先是自然界的春风，其次是暗指浩大的皇恩，寓意为恩泽。同样表现手法的诗句，有"羌笛何须怨杨柳，春风不度玉门关""春风又绿江南岸，明月何时照我还"等。

总之，整首诗既体现了诗人对于诗歌外部节奏和内在情绪的和谐统一，又达到了"一诗双咏"的表达效果。这久别重逢的故乡柳，宛如小家碧玉的妙龄少女，楚楚动人，充满活力，诗人内心欢愉之情跃然纸上。

再说《回乡偶书》。偶书，是偶然写之。但细细品读，那是什么"偶然写之"，那是一位远游的赤子用半个世纪的思念凝结而成的一封写给故乡的情书。《回乡偶书》（其一），曰：

少小离家老大回，乡音无改鬓毛衰。

儿童相见不相识，笑问客从何处来。

诗的一、二两句，诗人通过少小离家与老大回乡的对比，突出离开家乡时间之长；通过乡音无改与鬓毛易衰的对比，突出人事变化之快。这里的"少小"与

"老大""无改"与"衰",一一相对,妙趣横生。诗的三、四句,通过白发老翁与天真儿童的对比,委婉含蓄地表现了诗人回乡欢愉之情和人世沧桑之感。"乡音无改"意味着烙上了家乡特有的印记,意味着游子没有忘记故乡。但对于儿童而言,这眼前的老者俨然成了"客"。诗中一个"客"的称呼让诗人感慨万千,也是全诗的点睛之笔。

与乡间小儿的对话,让这位远离家乡的老者——"乡音无改"的陌生人感慨万千。这是诗人在矛盾冲突的反差中彰显的思乡之情!那么,与亲朋的交谈又会引发这位在宦海沉浮半个世纪的诗人内心怎样的感叹呢?《回乡偶书》(其二),曰:

离别家乡岁月多,近来人事半消磨。

惟有门前镜湖水,春风不改旧时波。

贺知章归隐在镜湖湖畔,抓住家乡的变与不变的对比,流露出对生活变迁、岁月沧桑、物是人非的感慨与无奈之情。第一句重复前一首的离乡背井之意。第二句是作者的议论,看似抽象、客观,实则包含了诗人回到家乡时的见闻。三、四句从人事变化转换到了对自然景物的描写。虽然阔别家乡多年,但镜湖依然如故。诗人以"不改"反衬"半消磨",以"惟有"进一步衬托"半消磨"之意,抒发了物是人非的感慨。这里的"春风"更多地指向自然界的春风,暗喻时间的流逝,与首句"岁月"合。

整首诗把"镜湖"托举而出,其意有三。其一,一方水土养一方人,春夏更替、岁月流转、人事消磨,哪怕是"儿童相见不相识,笑问客从何处来",但这养育诗人成长的故土——镜湖,"不改",诗人对镜湖、对家乡的深情"不移"。其二,古语说"叶落归根",镜湖之于贺知章,是生命的起点,亦是生命的终点。在这位已是耄耋之年的老者心中,镜湖是其满怀依恋的精神故园,是其灵魂栖息的安顿之所。直至今日,再游镜湖,我们可临"唐秘书监贺公祠"拜谒,感受镜湖的人文情怀。其三,贺知章告老还乡,得皇帝赐镜湖剡川一曲,赋予了"镜湖"一个特殊的文化符号——衣锦还乡、荣归故里。这成为当时与后世士大夫的共同的政治理想、人生旨归。诗中"镜湖不改",也有"谢主隆恩"之意。

除了上述用词之妙,还妙在句法之上。元代杨载在《诗法家数·绝句》中谈及诗的起承转合时，强调第三句"转"的功力。他说："至如宛转变化工夫，全在第三句，若于此转变得好，则第四句如顺流之舟矣。"对照贺知章的这三首诗，《咏柳》以"不知细叶谁裁出"的疑问语气"转"；《回乡偶书》以"儿童相见不相识"和"春风不改旧时波"的否定语气"转"。如此一来，在朗读时就不至于单调，在诗歌语气的统一与变化中达到和谐且富有生气。这种句法上的巧妙变化，在后世的绝句中可谓俯拾皆是，成为一条潜在表达规律。贺知章写景抒怀、清新洒脱，源于生活、发于心底的诗歌风格，为盛唐诗歌繁荣与发展做出了重大贡献。

"惟有门前镜湖水，春风不改旧时波。"家乡永远是为你遮风挡雨的港湾，无论你在外漂泊多久，心中永远无法忘记家乡的一草一木。让我们一起走进贺知章的《咏柳》与《回乡偶书》，感受古人心中的家。

[诗案]

诗人的心：一树碧玉一镜湖

——六年级上册贺知章《回乡偶书》教学设计

【教学目标】

1. 回读《咏柳》，想象画面，体会诗人对柳树、对春天、对家乡的热爱。
2. 对比阅读《回乡偶书》二首，体会诗人意味深长的故乡情。
3. 抓住诗中的关键字词，通过品读想象和比较，感悟诗人回乡后的心境。

【教学预设】

第一板块：碧玉妆成，故乡的柳

1. 出示几枝柳枝，说说曾经读过的与"柳"有关的诗句。
2. 出示绍兴镜湖贺知章塑像图片，了解诗人、回读《咏柳》。
3. 抓住关键词，想象画面，再次体会意境。

（1）抓住诗中关键词，想象画面，了解诗句结构。预设：

碧玉妆成一树高——写柳树

万条垂下绿丝绦——写柳条

不知细叶谁裁出——写柳叶

二月春风似剪刀——写春风

（2）抓住设问句一问一答展开。预设：

为何说"二月春风似剪刀"？这个比喻到底妙在哪里，才可以传唱至今。

4. 小结：以往读"柳"，总带着离别时的伤感，这一次获得了一种完全不一样的情感体验。诗人抓住柳树的特点，善于运用比喻的写法，抒发了愉悦的心情，也使我们对诗人故乡的这棵柳树、对春天产生了喜爱之情。

[设计意图] 以观察柳枝导入，让课堂情境更有真实感。然后通过诗人简介，在课的开始就酝酿了诗人的故乡情结——这是故乡的柳树，是诗人回乡时愉悦心情的体现。再以适当的提问为支点，对柳树各部位及整体形象进行想象，解构诗的内在结构，发现"一诗双咏"的秘密。诗人赞美柳树，赞美春天的创造力，这柳树更是诗人与家久别重逢欣喜的代言人。比如从"碧玉"一词中，充分挖掘柳树的特点，一是与它颜色有关，二是古代"碧玉"还指少女，如"小家碧玉"，这样学生就自然而然把柳树与少女联系起来，故而联想到摆动的枝叶就是少女身上的丝织裙带了，为理解"似剪刀"做思维延展的联结。

在这个板块中通过让学生观察柳树，感受春天，体会心境，进而在"回家"的道路上埋下了继续探究的种子。

第二板块：客从何来，故乡的人

1. 情境导入：告别柳树，诗人停船靠岸，走向自己的家。在村口他遇到了一群孩子。听——师配乐范读《回乡偶书》（其一）。

2. 紧扣"客"字读诗，感受诗人别样的思乡情深。

（1）对"客"质疑。预设：客是谁？客从哪里来？客来做什么？

（2）思辨：诗人真的是"客"吗？

预设一：从"客从何处来"这句诗来看，他是客；

预设二：从诗人简介中得知他不是客人，他是告老还乡；

预设三：从"乡音无改鬓毛衰"也知道他不是客。

3. 结合资料，合作探究：诗人为什么要"回乡"？诗人真的是"偶书"吗？

4. 结合诗句想象，小组合作表演情景剧《回乡偶书》。

[设计意图] 思辨的能力是理性思维的重要体现，语文学习的目标在于培养学生全面综合的思考与分析能力，提高学生看待自然和社会的深度，增强学生对事物的解读能力。《义务教育语文课程标准（2011年版）》也要求学生"就感兴趣的内容提出问题，结合课内外阅读共同讨论。用口头或图文等方式表达自己的见闻和想法。"这也就是对学生辩证性思维要求的体现。板块中学生对"客"的质疑和思辨定会给课堂增添不少色彩。

另外，在古诗教学中运用情境教学法也会让课堂变得生动有趣。孩子们在角色扮演中充分感受到诗中那鲜明生动的人物形象。真切感人的情景和耐人寻味的情感也会在表演中不知不觉地深入学生们的心中。

第三板块：春风不改，故乡的湖

1. 导入：贺知章从村口一路回到自己的家中，通过与亲朋好友的交谈得知家乡的种种变化，又写下了《回乡偶书》（其二），我们一起来读一读，相信你会有新的感觉。

2. 聚焦"湖"字读诗，寻觅诗人的精神家园。

(1) 了解"镜湖"，学生交流想象"少小离家"时湖的样子。

(2) 结合诗句说说"老大回乡"时湖的样子。

(3) 小结：镜湖还是那个镜湖，一点儿都没变，变的是——

（学生补充，发挥想象）

3. 同桌比较阅读，体会诗人心境，感受诗人情感。

(1) 同桌合作探究：同样是写家乡的物，作者的心情有什么不同？

古诗	写作事物	心情
《咏柳》	柳树	
《回乡偶书》其二	镜湖	

(2) 小组合作探究：找出两首《回乡偶书》中诗人描写"变化的事物"和"不

变的事物",感受诗人的情感。

古诗	变化的事物	不变的事物	心情
《回乡偶书》其一			
《回乡偶书》其二			

4. 诵读小结：惟有门前镜湖水，春风不改旧时波。春风除了没有改变镜湖的样子，还没有改变什么呢？

[设计意图]　贺知章的三首古诗，其实有着千丝万缕的联系。《咏柳》是咏物诗，通过写柳表达内心的愉悦和对春天的赞美。两首《回乡偶书》通过写"变"与"不变"的事物，展现诗人复杂的回乡情感。三首古诗分别聚焦"柳""客""湖"展开教学，对于六年级的学生来说从"咏物"的角度学习是回顾，很容易重新再认。将三首诗串联成贺知章回家的一路情景，这也是基于学生儿童化、情景化的特点而设。比较阅读中横向、纵向的充分比较，也是在考验学生对诗人内心的理解，也体现了以诗人为主题的群诗主题阅读的特性。

但愿通过《咏柳》等三首古诗的学习，学生对贺知章这位唐代大诗人，以及大诗人的故乡情结，拥有属于自己的体会与收获。抑或者，铢两分寸，聊胜于无。但只要"乡音无改"，只要"春风不改"，总会有阅读"回乡"的惊喜时刻！

第15课　杜牧《江南春》

[诗话]

烟 雨 江 南

——读杜牧《江南春》等"江南"诗三首

"江南可采莲，莲叶何田田。鱼戏莲叶间……"一首汉乐府，让多少人的梦里从此多了一个向往的地方——江南！

有一种相思叫作唐诗里的江南。"江南人"余光中写过一首很美的诗，名叫《春天，遂想起》。诗的开篇这样写道："春天，遂想起/江南/唐诗里的江南……"唐诗里的江南有最想听见的歌——《采莲曲》，有最想遇见的人——《江南逢李龟年》，有最想漫步的湖——《钱塘湖春行》。

行走在江南的春天里，行走在诗意的江南里，儿童入学读的第一首诗是《江南》，三年后就是《忆江南》（其一），又三年再见《江南春》。当然，小学语文统编教材中关于"江南"的诗词远不止这三首，只是像这样直白地唤以"江南"，且如此有仪式感三年又三年的浅藏，无论谁都会被深深触动了。忍不住想夸夸编者——您费心了，让我们总会想起多莲的江南，多潮的江南，多楼台的江南，多情的江南。

汉乐府里的《江南》，名叫——莲。

乐府，从字面上理解就是"音乐之府"。它原本是汉初时设立的，收集编纂各地汉族民间音乐、整理改编与创作音乐、进行演唱及演奏的专属机构。因此与古诗不同，乐府是一种合乐的音乐文学。

《江南》替代了原人教版教材里的《咏鹅》，成为统编教材的"第一诗"，它的好表现在哪儿呢？我们先来读诗：

江南可采莲，莲叶何田田，鱼戏莲叶间。

鱼戏莲叶东，鱼戏莲叶西，鱼戏莲叶南，鱼戏莲叶北。

这首诗在乐府分类中属《相和歌辞》，"相和歌"讲究一人唱多人和。从这个角度读这首诗，就能很好地理解为何这首诗有如此之多的"同辞重句"。如果你要拿南北朝刘勰在《文心雕龙》中的"同辞重句，文之疣赘也"观点来评价该诗的话，显然是不合适的。

作为一首唱和歌，该诗可分上下两部：上部三句可一人唱，下部四句可以多人和，起到渲染、烘托的作用。从内容上看，诗的前三句讲明了诗的主体意思，后四句从"东""西""南""北"逐一铺展，显得有点啰唆了，有画蛇添足之嫌。但若缺此四句，定是索然无味。这四句诗，简单之中，蕴藏生动。从"东、西、南、北"的四个方位词下，可以看见一群鱼儿倏忽往来、轻灵活泼的样子。简单之中，彰显明快。从"东、西、南、北"的四次复沓里，可以感受和声带来的轻快节奏和愉悦心情。

这就是诗歌语言的魅力，简单的重复，却将画面的形象感与音乐的节奏感表现得淋漓尽致，同时又把采莲人的情感融入其间，合为一体。乐府里的江南，有莲的清新与清雅。

乐天梦中《忆江南》，名叫——好。

公元 822 年，刚过"知天命"之年的白居易被任命为杭州刺史。《新唐书·白居易传》："〔居易〕为杭州刺史，始筑堤捍钱塘湖，钟泄其水，溉田千顷；复浚李泌六井，民赖其汲。"公元824年5月，他离任，回洛阳。时隔约一年之后，他又出任苏州刺史，于公元826年的9月离任，再回洛阳。前前后后近四年的江南刺史生涯，全都凝聚在一组《忆江南》里。其一，曰：

江南好，风景旧曾谙。

日出江花红胜火，春来江水绿如蓝。能不忆江南？

"江南好，风景旧曾谙"一句妇孺皆知，结尾"能不忆江南"的反诘，成为后世多少人心中的共鸣啊！而一个"谙"，则表达了诗人内心的喜悦与骄傲。这江南的风景之"好"，一不是道听，二不是途说，完全是自己当年亲身感受与切身体验。虽然身在洛阳，却神驰江南。这比火还红艳的花，比蓝草还要绿的水，既是同色烘染，又是异色映衬，营造了红者更红，绿者更绿的画面表达效果，成为诗人梦中江南最"好"的风景。

白乐天说江南忆"最忆是杭州"，"其次忆吴宫"，杭州有桂子、潮头，吴宫有吴酒、吴娃，都是他心中的"好"，跟着乐天，重游江南！

小杜笔下《江南春》，名叫——烟雨。

有"小李杜"之称的杜牧，生在京城（陕西西安），却偏爱江南，除了一首《江南春》，还有《江南怀古》《江南送左师》，以及《泊秦淮》《题乌江亭》等。这其中最令后世称道的应是绝句《江南春》。诗曰：

千里莺啼绿映红，水村山郭酒旗风。

南朝四百八十寺，多少楼台烟雨中。

对于六年级的学生来说，认读这首诗，没有一点儿阅读的障碍。但是要真正说出它的好来，也要用点心思。比如这第一句"千里莺啼绿映红"，有人就说"千里"太荒谬，他说："千里莺啼，谁人听得？千里绿映红，谁人见得？若作十里，则莺啼绿红之景，村郭、楼台、僧寺、酒旗，皆在其中矣。"（明人杨慎《升庵诗话》）显然这属于对于"艺术之真实"的狭隘认知，如果以此而论，那么李白的"白发三千丈"，柳宗元的"千山鸟飞绝"等，岂不都得一一修改？再如，第二句"水村山郭酒旗风"，诗人一连用了四个名词：水村、山郭、酒旗和风，看似成为四个彼此孤立的意象，甚至可以说连一个独立的句子都算不上，但它却让读者的想象更自由了，让诗歌的画面有了浮动感。尤其是最后一个"风"字，连着"酒旗"，化名词为动词，让这幅画面更灵动了。马致远《天净沙·秋思》中"枯藤老树昏鸦，小桥流水人家，古道西风瘦马"一句，莫非也是受其启发吗？总之，诗的前两句诗人以数字开局，意象浮动，概写江南风和日丽的春景，气象宏大，让读者的想象自由驰骋，在诗歌意境中自由穿越。

那么，诗的后两句又好在哪里呢？"南朝四百八十寺，多少楼台烟雨中。"给人一种深邃朦胧之感，那金碧辉煌、重重叠叠的寺庙，掩映在迷蒙的烟雨之中，使江南增添了一种朦胧迷离的色彩，更加令人神往。与前两句最大的不同在于，这两句把本来一句话可以说完的分成了两句，定格在"楼台"和"烟雨"这两个意象上。被烟雨笼罩的这些楼台，是南朝在短短一百多年间修建。"四百八十"是一个确切的整数，但在这儿却是概指寺庙之多，又是一个大全景的表达效果。因为事实上癫狂佞佛的南朝兴造寺塔之风尤盛，根据清朝刘世珂所作《南朝寺考·序》记载："梁世合寺二千八百四十六，而都下（南京）乃有七百余寺。"这样看来，诗人的"四百八十寺"还略有保守。当然，这是一句玩笑话而已。由此，带给读者很多想象与思考倒是不假：这烟雨中的楼台，它们在向世人诉说着什么呢？总之，这后两句"不但视通万里，更是思接千载"，让这烟雨之下的"江南春"平添了自然风景和历史沉思的双重意味。用四川大学周啸天教授的话说："美大于善，形象大于思想，是诗之至也。"

全诗寥寥四句28字，却道尽了这"烟雨江南"的迷离与迷人！

一首乐府一首词，一首绝句唱江南。诗词里最美的江南，让我们在这个春天，与儿童一起想起……

春天，遂想起

江南，诗词里的江南

乐府有莲的清新，看鱼儿

只顾着游

西湖有女子追忆，寻桂子

看潮头

多烟雨的时候，带一枝红

跟小杜，在楼台

更重游

[诗案]

朦胧的江南朦胧的你

——六年级上册杜牧《江南春》教学设计

【教学目标】

1. 通过忆读《江南》《忆江南》等描写江南春天的古诗词，聚焦江南美景。

2. 有感情地朗读《江南春》，通过自主品读、拓展研读、思辨悟读，感受烟雨江南的朦胧美以及诗人的情感。

【教学预设】

第一板块：忆读江南，聚焦江南美景

1. 谈话导入：江南自古以来就是文人墨客所描绘和歌颂的对象，据不完全统计，有记载的描写江南春色的古诗有近五百首，其实我们曾经学过不少，其中有一首是我们入学的第一首诗，你还记得吗？

2. 师生配合诵读《江南》，说说在这首诗中你看到了怎样的江南？

3. 谈话深入：除了这一首汉乐府《江南》，还有一首唐代大诗人的词，你还记得吗？

4. 师生配合诵读《忆江南》，说说在这首词中你看到了怎样的江南？

5. 谈话过渡：那杜牧笔下的《江南春》又描绘了怎样一番美景呢？就让我们一起穿越到唐朝的江南去看看。

[设计意图] 联系学生旧知展开教学，在新知和旧知之间架起一座桥梁，唤起学生对诗人杜牧笔下的江南春景的遐想。

第二板块：品读江南，感受江南之美

1. 出示学习要求：这幅江南春景图中都画了哪些景物呢？请同学们圈出来，并展开想象，试着用这样的句子说一说，你仿佛看到了什么？听到了什么？

2. 学生朗读，汇报一、二两句诗的学习收获。

> 读着_____这句诗，我仿佛看到了_____，听到了_____，这真是_____的江南。

3. 根据学生回答随机补充资料，展开思辨。

（1）关于"酒旗"：杜牧曾经有十年在扬州困顿的生活，由于一直担任文官牛僧孺的掌书记，杜牧的才华得不到重视，心情郁闷。在扬州的十年，杜牧经常出入酒楼，他常常以酒相伴、以酒浇愁。

思辨：这酒旗会让杜牧想起什么呢？

（2）关于"千里"：明代诗人杨慎说"千里莺啼，谁人听得？千里绿映红，谁人见得？若作十里，则莺啼绿红之景，村郭、楼台、僧寺、酒旗，皆在其中矣。"因此他建议，改成"十里"就比较合理。后来清朝的何文焕抬杠说，改成"十里"，也还是听不清、看不明，还不如改成"'一里'莺啼绿映红"。

思辨：同学们，你赞同谁的说法呢？

4. 学生朗读，汇报三、四两句诗的学习收获。

> 读着_____这句诗，我仿佛看到了_____，听到了_____，这真是_____的江南。

5. 根据学生回答随机补充资料，展开思辨。

（1）关于"四百八十寺"：南朝时佛教非常盛行，当时的大多数皇帝都大力推崇佛教，导致不论是后宫妃子还是朝廷官员或者是平民百姓，都笃信佛教，因此建造了许多寺庙。清朝刘世琦所作《南朝寺考·序》："梁世合寺二千八百四十六，而都下（南京）乃有七百余寺。"

思辨：这样看来，杜牧是不是写少了呢？

（2）关于"楼台烟雨"：有人说这烟雨中的楼台，有借古讽今的意味。因为当年南朝，尤其是梁朝皇帝事佛虔诚，到头来也是一场空，不仅没有求得长生，反而误国害民。而杜牧所处的时代，恰好也是佛教盛行的时候。也有人说，杜牧描绘了江南的美景，表现了诗人对江南景物的赞美与神往。因为他在宣州时常常去开元寺等处游玩，在池州时也到过一些寺庙，还和僧人交过朋友，也写了好多著名的诗句，如"九华山路云遮寺，青弋江边柳拂桥""秋山春雨闲吟处，倚遍江南寺寺楼"等，说明他对佛寺楼台还是颇为欣赏的。

思辨：同学们，你是怎样想的呢？

6. 小结朗读：诗人杜牧的这首《江南春》让我们看到了明艳美丽的江南，烟雨朦胧的江南，就让我们用最美的声音来留住这春天的江南。

[设计意图]《义务教育语文课程标准（2011年版）》中指出"要让学生充分地读，在读中整体感知，在读中有所感悟，在读中培养语感，在读中受到情感的熏陶"，强调了古诗教学不能忽视读的重要性。因此笔者在教学中设计了形式多样的朗读——个别读、男女读、配乐读等，让学生在琅琅书声中感受古诗的语言美和意境美，进而体会诗人所要表达的情感。

然后借助语言支架"我仿佛看到了什么，听到了什么"展开想象，丰富诗歌画面，描绘自己心中的江南美景，感受江南春景晴日的明朗绚丽、雨日的朦胧迷离之美，使学生与作者逐渐产生情感共鸣。

最后以适时、适度的资源补充，并以"思辨"的方式引导学生大胆辩论，让学生在诗中"读出自己"，激活学生古诗赏析的兴趣，同时也为《义务教育语文课程标准（2011年版）》第四学段教学建议"注重积累、感悟和运用，提高自己的欣赏品位"做铺垫。

第三板块：走读江南，书写江南之情

1. 欣赏微纪录片《最江南·醉杭州》，感受江南的美丽。
2. 创作诗歌：此情此景，同学们想不想自己创作诗歌呢？

> 诗歌创作要求：
>
> 请同学们选取以下江南景物，试着将诗歌补充完整，创作完成后同桌之间相互读一读。
>
> 醉江南
>
> 作者：_____
>
> _____绿叶伴清风，
>
> _____一水融。
>
> 仍忆堤岸杨柳处，
>
> _____。
>
> 江南景物：小桥、流水、人家、白墙、青瓦、船儿、桃花……

3. 小结拓展：同学们，今天我们在诗中感受了烟雨江南，我们也初当了一回小诗人，体会了作诗的快乐，其实江南的美岂是我们一节课可以看尽的！那就跟着诗词，一起走读江南！

[设计意图] 让学生欣赏江南美景的视频，为创作诗歌做好铺垫。以补充的形式创作诗歌，不仅为学生的创作提供了学习支架，也充分调动了学生创作的积极性，体会到做小诗人的乐趣。

以诗带诗，以诗拓诗，以诗创诗，不断加深学生的阅读积淀，引导学生发现古诗的美，欣赏古诗的美，让学生热爱古诗词，热爱祖国优秀的文化，以此来丰厚孩子们的人文素养。

第 16 课　白居易《忆江南》

[诗话]

醉 美 西 湖

——读白居易《忆江南》和苏轼《饮湖上初晴后雨》

白居易有诗云："未能抛得杭州去，一半勾留是此湖。"此湖是什么湖呢？西湖。

"天下西湖三十六，就中最好是杭州"，大文豪苏东坡曾这样说。西湖，是什么湖呢？

西湖，一个湖，自秦朝始人们在此寻梦；隋朝虽短，却让它贯通海河；到了大唐，人们开始疏浚、修井、筑堤、堆岛，西湖就在岁月的交替中不断蜕变，直至日后的宋、明、清……西湖，不再只是一个湖，它成了一个传说，一个"美"的代名词，一个诗意的符号！在这千百年的轮转中，人依湖而生，湖因人而美；反过来，湖因人而活，人又沉醉湖中，怎一个"醉"美了得！

穿越历史的重重帷幕，重回大唐，漫步湖畔，遇见那个字乐天、号香山居士的一代诗王——白居易。读他的诗《钱塘湖春行》："孤山寺北贾亭西，水面初平云脚低。几处早莺争暖树，谁家新燕啄春泥。乱花渐欲迷人眼，浅草才能没马蹄。最爱湖东行不足，绿杨阴里白沙堤。"读出一场千年前的游湖记：游湖者从孤山、贾亭出发，到湖东、白堤止。一路上饱赏莺歌燕舞、繁花浅草，声色相融、动静交替，西湖早春之景动人娇美，令人流连忘返。诗句首联一"北"一"西"，有如导航的坐标点，不经意之间把读者带入游湖之列，赶上"云脚"，醉在这天下最美的景致中，只可惜贾亭于唐代末年废止，今已不存。诗句尾联"最爱"两字直抒胸臆，直抵诗人内心深处。

对于西湖，白居易从来就是这么直白地表达，一个字——最！他说"江南忆，最忆是杭州"（《忆江南（其二）》）。统编教材三年级下册第一单元"日积月累"选入了他的词作《忆江南（其一）》。"江南好，风景旧曾谙"一句妇孺皆知，而"能不忆江南"的反诘，成为后世多少人心中的共鸣啊！《忆江南》是诗人晚年在洛阳追忆江南的组词作品，共三首。三首词在结构上先总后分、联章叠句；在意境上各自独立、互为补充。词题的"江南"现指长江下游的江浙一带，在此词中确切地说是指杭州与苏州。公元 822 年，白居易被任命为杭州刺史，于公元 826 年离任，再回洛阳。前前后后近四年的江南刺史生涯，都以无限深情留在这三首词中。"此情可待成追忆"，然"最忆是杭州"！

江南忆，最忆是杭州。山寺月中寻桂子，郡亭枕上看潮头。何日更重游？

时隔十余载，往事难忘：天竺寺，中秋桂子月宫堕，寻；郡亭上，八月浪潮吼地来，看。这幽静的山寺月，是最忆；这壮观的钱江潮，也是最忆。这钱塘湖的春，是最忆；这杭州的秋，也是最忆。诗人身在洛阳，神驰西湖，只盼重游之日。他不知，倘若重游，那"绿杨阴里白沙堤"有了更美的名字——白堤！一条堤，因为一个人而误传了千年，这是一件多么美的事啊！他，和西湖，在等你。

穿越历史的重重帷幕，登临大宋，漫步湖畔，遇见那个字子瞻、号东坡居士的苏轼。先读一首《饮湖上初晴后雨（其二）》：

水光潋滟晴方好，山色空蒙雨亦奇。

欲把西湖比西子，淡妆浓抹总相宜。

这首诗被选入统编教材三年级上册第六单元。俗话说："情人眼里出西施"，西湖就是苏轼的"情人"，他因西湖而醉，醉里他唤西湖叫西子，从此西湖的美又多了一种风韵——西子湖。这种不问缘由怎么看都好的境遇，就是苏轼遇上西子湖。要不怎么说"晴"也"好""奇"，"雨"亦"好""奇"；"淡妆"是"相宜"，"浓抹"亦"相宜"。整个就是臣服，就是投降的姿态，当然这也可以理解为是我们这位诗人酒后吐真言。其实，对照着《饮湖上初晴后雨（其一）》："朝曦迎客艳重冈，晚雨留人入醉乡"来看，诗人对西湖的迷恋就"昭然若揭"啦！其一中的"朝曦迎客"，不就是其二里"水光潋滟晴方好"的注解吗？其一中的"晚雨留人"，不就是其二里"山色空蒙雨亦奇"的杰作吗？而其一中的那一个"醉"字，点亮了诗题中的那一个"饮"字。这样读来，一切都是刚刚好，"醉"得刚刚好——酒不醉人人自醉！

在西湖，苏轼绝没少醉。那一年（公元1072年）六月二十七日他就大醉一回，写下一组七言绝句《六月二十七日望湖楼醉书》。其一：

黑云翻墨未遮山，白雨跳珠乱入船。

卷地风来忽吹散，望湖楼下水如天。

诗人用他擅长的比喻和联想，描述了雨前的乌云、雨时的跳珠、雨后的湖面：黑云翻墨、白雨跳珠、水如天。从阴云压湖到急雨骤降再到云消雨散，这夏日湖上风光瞬息万变，诗人却独醉其间乐不思返。这首诗被选入统编教材六年级上册第一单元，编者希望孩子发挥想象力去触摸山川湖海的心跳，可谓深得诗之三昧。诗人笔下的一幅"西湖骤雨图"在"卷地风"的烘托下，达到了云雨相交、动静相替、声色相对、情景相融的大开大合之境界。这28个字随笔挥洒，看似信手拈来却足见诗人慧心巧思，以及对西湖的情有独钟。

那么，苏轼为何对西湖如此沉醉呢？参读《六月二十七日望湖楼醉书（其五）》或许就可以发现其中的奥妙了。

未成小隐聊中隐，可得长闲胜暂闲。

我本无家更安往，故乡无此好湖山。

这第五首写出了作者的淡然与豁达，一句"可得长闲胜暂闲"，道尽了作为被贬杭州任职通判的苏轼枉有一颗经世济民的心，却只能囿于被排挤出京的境遇。诗中"中隐"一词，或出自白居易《中隐》一诗："大隐住朝市，小隐入丘樊。丘樊太冷落，朝市太嚣喧。不如作中隐，隐在留司官。似出复似处，非忙亦非闲。"杭州通判一职，对应"隐在留司官"，也恰如其分吧！再说，日后还有"乌台诗案（公元1079年）"在等着这位呢，好在苏轼的可贵之处在于能在"最低境遇，活出最高的境界"。一句"故乡无此好湖山"，表明了他寄情于西湖山水，心安湖山之中却系于庙堂之上。试问西湖可美，"却道：此心安处是吾乡"（《定风波·南海归赠王定国侍人寓娘》）。心安，才能看见"水光潋滟晴方好"；心安，才能看见"山色空蒙雨亦奇"；心安，才能"欲把西湖比西子，淡妆浓抹总相宜"。诗题上一个"醉"字，足见苏轼对西子之爱，这种爱用欧阳修的话来说那就是"醉翁之意不在酒，在乎山水之间也"！

公元1089年，苏轼再次到杭州任职，此时他已多了一雅号"东坡"，重温旧景，他写下了一首《与莫同年雨中饮湖上》，其中"还来一醉西湖雨，不见跳珠十五年"一句，读来回味甘之如饴。公元1091年他调离杭州，临行前写下一首寄赠之作《八声甘州·寄参寥子》，全词景语之中含情语，平实之间见豪放，"西州路，不应回首，为我沾衣"一句，读来回味至情至性。无论是与友人同饮湖上，还是与友人湖畔赠别，这情就在这空翠烟霏的湖光山色之中，这情就在这享受精神高度自由的一醉方休中。林语堂在《苏东坡传》中说："西湖的诗情画意，非苏东坡的诗思不足以极其妙；苏东坡的诗思，非遇西湖的诗情画意不足以尽其才。"西湖之醉，醉在一碗肉——东坡肉，醉在一道堤——苏堤！他，和西湖，在等你。

一个湖，因为诗意，有了灵魂；一个湖，因为有了灵魂，更显诗意。这个湖，叫西湖！这个湖，湖上有两道堤，苏堤和白堤！

[诗案]

一个湖上两道堤

——六年级上册白居易《忆江南》教学设计

【教学目标】

1. 以一张"西湖手绘地图"作为课堂学习场，围绕"一个湖上两道堤"互文比照阅读《忆江南》《饮湖上初晴后雨》《六月二十七日望湖楼醉书》等诗，想象诗中景物，感受诗人情怀。

2. 在诗歌赏读的过程中，体会白居易与苏轼两位大诗人对西湖之美的沉醉之情，摘抄自己喜欢的诗句。

3. 小组合作学习，通过批注、写话的方法，感受诗歌文化之美、西湖诗意之美。

【教学预设】

第一板块：一半勾留是此湖

1. 读诗句，说西湖。

（1）读唐代大诗人白居易诗句："未能抛得杭州去，一半勾留是此湖。"

（2）你知道"此湖"是什么湖吗？

2. 游西湖，读诗句。

（1）观杭州西湖申遗官宣集锦。

（2）打开"西湖手绘地图"（以下简称"地图"），说说你游湖的印象。

（3）读《忆江南（其二）》，说说杭州留给白居易最为深刻的印象又是什么呢？并在地图上做好诗句批注。

预设一：山寺寻桂——山寺月中寻桂子。天竺寺中秋桂子月宫坠，只是一个传说。读诗句，聚焦一个"寻"字，体会诗人化用传说的浪漫想象。引读晚唐诗人皮日休《天竺寺八月十五日夜桂子》的诗句"玉颗珊珊下月轮，殿前拾得露华新"，做批注。

预设二：钱塘看潮——郡亭枕上看潮头。钱塘观潮早在汉代就有记载，唐宋时盛行，围绕一个"看"字，体会诗人内心的闲适。引读唐代徐凝《观浙江涛》的诗句"钱塘郭里看潮人，直至白头看不足"，做批注。

[设计意图] 俗话说"上有天堂，下有苏杭"，杭州西湖即是人间天堂。身在江南的孩子，十之八九是到过西湖的，西湖十景也是略知一二的。学生在课堂学习中有了这些许认知基础，就消除了许多陌生感。当熟悉的西湖画面重现，隐藏在内心深处的游湖记忆被唤醒，当熟悉的诗句重临耳畔，一个诗意的西湖在慢慢形成。以诗句批注诗句，激发学生读诗的兴趣，也体现了"诗不可以解"的一种理念。

第二板块：绿杨阴里白沙堤

1. 读诗题，入画境。

（1）指名读诗题《钱塘湖春行》，从朗读的停顿中想象西湖春天的画面。

（2）小组观看地图，说说春天行走在西湖你会从哪里出发。

2. 寻游踪，入诗境。

（1）小组读诗，在地图上标注出诗人的游湖路线和沿路看到的景色。

（2）小组讨论：是什么样的春景，让白居易发出了"最爱湖东行不足，绿杨阴里白沙堤"的感慨？

预设：漫步在莺歌燕舞、繁花浅草、声色相融、动静交替的西湖早春里，诗人流连忘返。

3. 品诗句，入心境。

（1）讨论：行走在这条白堤上，还能看见怎样的风景，有怎样的心情？

（2）摘抄：在地图上摘抄《钱塘湖春行》的诗句。

[设计意图] 打开地图游湖，打开地图读诗，把文字和画面融合在一起，把时间和空间融合在一起，把诗人和自己融合在一起。这样的读诗体验是与众不同的：营造了一个同游西湖的场景，在学生丰富的想象中，如身临其境，与诗人同在；营造了一个心灵对话的场景，在诗歌品读、摘抄、创编的过程中，与诗人共鸣。

西湖的美，人人可见。尤其是西湖春天的美，每个人心中都有自己的一幅画卷，这是一幅有现场感、现实性的画卷，却只可意会，不可言传！

第三板块：就中最好是杭州

1. 激疑引读。

（1）宋代大诗人苏轼说"天下西湖三十六，就中最好是杭州"，在他心目中杭州西湖有多好呢？读诗《饮湖上初晴后雨》。

（2）在苏轼眼中，西湖是什么呢？

（3）在地图上摘抄诗句"欲把西湖比西子，淡妆浓抹总相宜"。

2. 互文比读。

（1）晴天的时候，诗人看到怎样的景色？互文朗读"水面初平云脚低"，想象写话"水光潋滟"。

预设："水光潋滟晴方好"与"几处早莺争暖树，谁家新燕啄春泥。乱花渐欲迷人眼，浅草才能没马蹄"，互文比读，发现诗人游湖赏景视角的不同。想一想：为何诗人不写岸上的早莺、新燕、百花、春草？

（2）雨天的时候，诗人看到怎样的景色？互文朗读"望湖楼下水如天"，想象写话"山色空蒙"。

预设："山色空蒙雨亦奇"与"黑云翻墨未遮山，白雨跳珠乱入船。卷地风来忽吹散，望湖楼下水如天"，互文比读，发现诗人游湖赏景取景的不同。想一想：为何诗人不写湖上的画舫、湖畔的楼台？

（3）无论晴雨，诗人看到一个怎样的西湖？互文朗读"湖上春来似画图"，想象对话"西子"。

预设：在白居易眼中，西湖如铺展的画卷，美不胜收，现在我们依然可以读到这样的比喻。为何苏轼把西湖比作西子？

3. 配乐诵读。

（1）配乐背诵《饮湖上初晴后雨》。

（2）欣赏古诗新唱《饮湖上初晴后雨》。

[设计意图] 苏堤春晓是西湖十景之首。倘若我们行走在苏堤上，吟诵着苏轼的诗句，会是怎样的一种诗意与美的体验呢？课堂上，通过互文朗读，想象对

话，发现苏轼笔下西湖取景之独特——西湖雨。尤其是"欲把西湖比西子"一句，更是极大地丰富了西湖之美的内涵，提升了沉醉西湖的境界，给西湖一个更为诗意的名字——西子湖。教学中围绕"西子"这一神来之笔，展开三次诗歌互文朗读，在与诗人、与西湖、与自己的对话中，理解西子之比背后诗人审美理念和文化语境的由来，获得传统美学的熏陶。

第四板块：故乡无此好湖山

1. 饮湖上再吟"湖"。

（1）补充资料：公元1089年，苏轼再到杭州任职，重温旧景作诗《与莫同年雨中饮湖上》，朗读诗句：还来一醉西湖雨，不见跳珠十五年。

（2）小组学习："跳珠"让你想起了什么？"西湖雨"为何总让诗人"醉"？

（3）拓展阅读：出示《饮湖上初晴后雨（其一）》，用其中的诗句给"水光潋滟晴方好"与"山色空蒙雨亦奇"做批注，写在"地图"上。

2. 望湖楼再望"湖"。

（1）激问：苏轼为何如此钟情西湖山水？

（2）探秘：学习《六月二十七日望湖楼醉书（其五）》，扣读"故乡无此好湖山"。

（3）聊读："中隐"是何意呢？"长闲"是何情呢？比对白居易《中隐》一诗。

3. 一个湖上两道堤。

（1）赏地图，读诗句：小组合作纸上游苏堤或白堤，读诗，批注游湖感受。

（2）诵诗句，推荐湖：小组合作给西湖白堤或苏堤写一段推荐美文。

（3）梦西湖，更重游：一道写不完的作业——探寻诗意西湖。

[设计意图] 诗无达诂。对一首诗的理解可以"以诗人自己证实自己"的方法加以品读，如将《与莫同年雨中饮湖上》与《六月二十七日望湖楼醉书》两相对照，将《饮湖上初晴后雨》的其一与其二两相对照。对一首诗的理解，也可以"以诗证诗"的方法加以品读，如将苏轼的《六月二十七日望湖楼醉书（其五）》与白居易的《中隐》两相对照。在这样的品读中，不断丰富学生对西湖之美、西湖雨之美的感悟。这样的读诗方法也贯穿了整堂课的学习历程，学生

的阅读视野一次次被打开，西湖的文化视野也一次次被打开。

依据19世纪俄国著名美学家别林斯基的观点："无论在哪一种情况下，美都是从灵魂深处发出的，因为大自然的景象不可能具有绝对的美，这美隐藏在创造或表现的那个人的灵魂里。"西湖的美，就是从白居易、苏东坡这样爱它的人、这样懂它的人的灵魂深处散发出来的。

第 17 课　郑燮《竹石》

[诗话]

竹风拂心

——读郑燮《竹石》

"予独爱莲之出淤泥而不染，濯清涟而不妖。"周敦颐把自己洁身自爱的品格寄托在那一支遗世独立的清莲之中。咏物言志历来为文人墨客所钟爱，他们把自己的情志寄托在身边事物之内，呼之欲出却又含而不露。

早在《周礼·春官》中就有"六诗"的说法，即"风、赋、比、兴、雅、颂"。其中，"赋比兴"还成了《诗经》重要的表现手法。南北朝时期的钟嵘也曾说："文已尽而意有余，兴也；因物喻志，比也；直书其事，寓言写物，赋也。"《诗经·卫风》中就有"瞻彼淇奥，绿竹猗猗"诗句，这就是用竹子起兴，引出君子的描述。可见，因物喻志的表现手法自古有之。

统编语文教材中，咏物言志诗也贯穿了整个小学阶段，且不断深化。如二年级上册有王安石的《梅花》，四年级下册有王冕的《墨梅》，到了六年级下册的第四单元则编排了三首咏物言志的诗，分别是李贺的《马诗》、于谦的《石灰吟》、郑燮的《竹石》。虽然它们所歌咏的事物不同，但都表现了作者自身所追求和崇尚的精神品质。

竹，历来为文人墨客所喜爱。"苍苍竹林寺，杳杳钟声晚"刘长卿将送别的一腔愁绪寄托在满目翠竹之中；"独坐幽篁里，弹琴复长啸"王维将山林幽居的闲情逸致寄予在独属一人的竹林之中；"旧山松竹老，阻归程"岳飞将隐忧时事的爱国情怀抒发在旧山老竹之中。

说起竹，我们必然会忆起"写取一枝清瘦竹，秋风江上竹渔竿"的郑板桥。《竹石》是他的一首题画诗。诗曰：

　　咬定青山不放松，立根原在破岩中。
　　千磨万击还坚劲，任尔东西南北风。

诗的前两句用拟人化的写法写出了竹子立根岩中、不畏艰难、傲然挺立的精神品质。"咬定"二字似有千斤之重，使顽强坚韧之竹跃然纸上。第二句聚焦竹根，交代了竹子的生长环境，它不是平坦肥沃的厚土，而是贫瘠坚硬的岩石，一个"破"字更是强调了竹子生长环境的恶劣以及"咬定"之难。后两句笔锋一转，不管是破岩的千难万险还是东西南北风的千磨万击，甚至是作者心中的千沟万壑，一时间都被"任尔东西南北风"一句，轻轻地抚平了。毛泽东主席的《七律·长征》中一、二两句"红军不怕远征难，万水千山只等闲"与这两句有异曲同工之妙。诗人重重拿起，又轻轻放下，才更显风骨之傲。

如若我们继续了解郑燮，会发现他的竹曾经是"衙斋卧听萧萧竹，疑是民间疾苦声"这样心系百姓"一枝一叶总关情"的益民利众之竹。关心百姓疾苦的郑燮历经官场沉浮，不愿与豪绅同流合污，毅然辞归乡里后才是"千磨万击还坚劲，任尔东西南北风"的破岩之竹。这才是他洒脱傲岸的文人风骨。

郑燮之前，也有一位顽强潇洒的爱竹之人——"竹杖芒鞋轻胜马，谁怕？一蓑烟雨任平生"。苏轼之爱竹，体现在他生活的每时每刻，"何夜无月？何处无竹柏？但少闲人如吾两人者耳"，夜游感怀时，他想到的是竹；"林断山明竹隐墙，乱蝉衰草小池塘"，雨后喜游时，他赏到的是竹；"竹外桃花三两枝，春江水暖鸭先知"，慧眼寻春时，他找到的是竹。苏轼之爱竹，从他"宁可食无肉，不可居无竹"可以想见，苏轼之爱竹，从他和文与可的交往中也可见一斑。他在湖州曝晒书画，看到文与可赠他的遗作时，写下了《文与可画筼筜谷偃竹记》。选文如下：

竹之始生，一寸之萌耳，而节叶具焉。自蜩腹蛇蚹以至于剑拔十寻者，生而有之也。今画者乃节节而为之，叶叶而累之，岂复有竹乎？故画竹，必先得成竹于胸中，执笔熟视，乃见其所欲画者，急起从之，振笔直遂，以追其所见，如兔起鹘落，少纵则逝矣。与可之教予如此。

苏轼从文与可的画竹理论写起，谈到文与可认为画竹"必先得成竹于胸中"，画竹之前先要做到了然于心。这里的"成竹"，不仅仅是竹子的外在形象，也结合了自身的经历与情志。胸中之竹不仅是眼中之竹，眼中之竹是竹之形，只有将体悟到的竹子的内在精神品质描摹出来，手中之竹才有了竹之魂、竹之风骨。

谈起风骨，可以说是我国古代文人行文处事的一种道德风范和信念追求。刘勰的《文心雕龙》曾专设"风骨"篇，从美学的范畴将行文与品格进行高度融合。"人固有一死，或重于泰山，或轻于鸿毛"是司马迁刚直不阿的风骨；"不能为五斗米折腰，拳拳事乡里小人"是陶渊明愤世嫉俗的风骨；"先天下之忧而忧，后天下之乐而乐"是范仲淹忧国忧民的风骨；"人生自古谁无死，留取丹心照汗青"是文天祥精忠报国的风骨。

"群居而不倚，虚中而多节，可折而不可曲，凌寒暑而不渝其色。"这就是一代代中国文人君子如竹的风骨。何不入竹林，听竹风，拂心以致远！

[诗案]

一枝一叶总关情　一笔一画传文化

——六年级下册郑燮《竹石》项目式学习教学设计

【教学目标】

1. 借助任务单学习《胸有成竹》，通过自学和共学，了解文与可画竹之法，初步感知竹所蕴含的人文精神，在解决问题的过程中培养学生的综合能力。

2. 动手画竹体味竹之美，实践感受竹之风骨，体会"文人为什么爱竹"。

3. 想象画面读《竹石》，体会作者借竹自喻，感受作者刚正不阿、高洁傲岸的风骨。

4. 进一步了解文人为什么爱竹，感受中国传统的"竹"文化，在学生的心中播下一颗争做拥有竹魂的人的种子。

【教学预设】

第一板块：任务驱动，赏竹之风骨

课始，以"文人为什么爱竹？"为核心问题，展开一系列项目化学习。

1. 学生带着任务单再读文言短文《胸有成竹》。

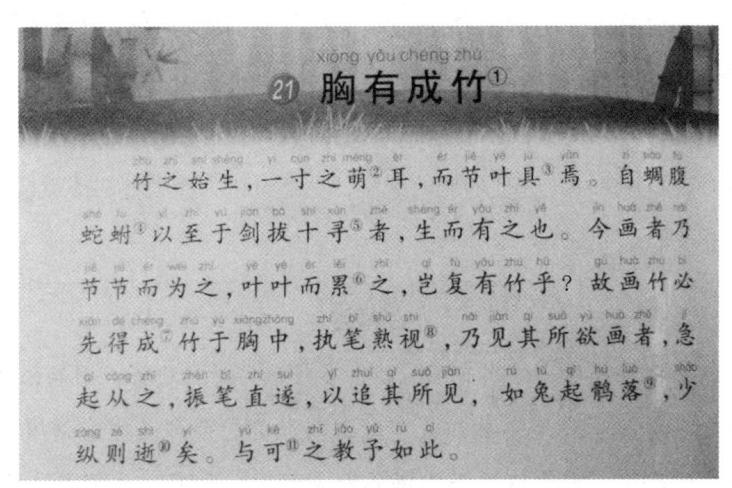

> **21 胸有成竹**①
>
> 竹之始生，一寸之萌②耳，而节叶具③焉。自蜩腹蛇蚹④以至于剑拔十寻⑤者，生而有之也。今画者乃节节而为之，叶叶而累⑥之，岂复有竹乎？故画竹必先得成⑦竹于胸中，执笔熟视⑧，乃见其所欲画者，急起从之，振笔直遂，以追其所见，如兔起鹘落⑨，少纵则逝⑩矣。与可⑪之教予如此。

2. 自读，完成自学任务。

【自学任务】

任务一：图中分别是竹子什么时期的生长状态，请你选一选，将序号填在横线上。

①剑拔十寻　　②一寸萌耳　　③蜩腹蛇蚹

_____　_____　_____

任务二： 文中写了两种画竹的方法分别是怎样的？请你连一连。

今画者	先得成竹于胸中，执笔熟视，乃见其所欲画者，急起从之，振笔直遂，以追其所见，如兔起鹘落，少纵则逝矣。
文与可	节节而为之，叶叶而累之

3. 共读，完成共学任务。

全班交流，说说文与可为何画竹成就高于常人，了解文与可为什么爱竹。初步感受竹之风骨。

【共学任务】

请你结合文与可的生平和他的画竹之法，小组讨论为什么他的成就会高于常人，并派代表准备交流。

资料袋

文同以善画竹著称。洋州有筼筜谷，多竹林，时往观察，因而画竹益精。

文同任洋州（今陕西洋县）太守时，别人都觉得那是穷乡僻壤，但文同却十分惬意于此地，因为这里满山满谷都是竹林。一日，文同与夫人同去观竹，晚饭仅有竹笋下饭。正吃间，收到东坡信札。东坡除了照例嘘寒问暖外，还附了一诗：汉川修竹贱如蓬，斤斧何曾赦箨龙。料得清贫馋太守，渭川千亩在胸中。文同读罢诗句，忍俊不禁，放怀大笑，喷饭满桌。有如此亲家，"清贫太守"倍感生活的滋润。

因为文同对于竹子有深入细致的观察，故其画竹法度谨严，他主张画竹必先"胸有成竹"。他画竹叶，创浓墨为面、淡墨为背之法，画者多效之，形成墨竹一派，有"墨竹大师"之称，又称之为"文湖州竹派"。

预设：文与可观竹、爱竹，所以画竹才能神形具备，画出竹之魂骨。

第17课 郑燮《竹石》

[设计意图] 建构主义学习理论强调学生的学习活动必须与任务或问题相结合，以探索问题来引导和维持学习者的学习兴趣。课堂伊始，让学生带着任务进行自主探索和互动协作学习，激发学生学习兴趣。自学任务设置成选择和连线的方式，为学生读懂文本、准确提取信息搭建了学习支架。共学任务则在自学任务的前提之下，适当拔高了难度，学生借助文本、资料袋，甚至借助同伴的思考在交流中碰撞，在交流中融合。通过自学和共学作业，让学生在"自主、合作、探究"的学习方式中，感受文与可为什么爱竹，体会竹之风骨，提升语文素养，并培养学生独立探索的自学能力。

第二板块：美术融合，画竹之风骨

1. 美术老师讲解"个"字、"川"字、"分"字等竹叶画法。
2. 学生在国画纸上画"瘦竹"和"岩石"，并辅以微课视频。
3. 展示学生作品，说说画中心得。

[设计意图] 想让学生更好地体会文与可对竹的喜爱，理解竹子所蕴含的风骨，从而解决"文人为什么爱竹？"这一核心问题，更好的办法就是让学生亲身实践，自己去画一画竹子，品一品竹风。这也就促成了语文与美术的跨学科融合。正如皮亚杰所说："兴趣是能量的调节者，它的加入发动了储存在学生内心的能量，使学生产生学习的动力。"

新的课堂尝试，两位不同学科的老师同上一堂课，同赏一支竹，极大地激发了学生的学习兴趣，孩子们学得兴味盎然。学生学习了文与可画竹之法，再动手自己画竹，这样的项目化学习使课程内容有活动支撑。这种活动化的课程内容意在画竹悟心，更意在提升学生的核心素养。

第三板块：《竹石》题画，品人之风骨

1. 谈话导入：同学们，你们自己动手画了竹之后，相信对竹的喜爱又多了一分。其实清代有位痴人也非常爱竹，他每天逛竹林，摊开纸作画，留下了许许多多竹的形象。那一竿竿墨竹翠茎葱葱，枝叶扶疏，配上一两块清奇古怪的石头，让人耳目一新。他就是——郑板桥。

2. 中国画非常讲究"意境"，往往画中题诗，诗画互补，使意境更加深远。《竹

石》就是他题在竹石图上的诗。

板书：诗题、作者

自由读诗，你看到了怎样的画面？

板书：咬定不放松　立根破岩中

预设一：

(1) 从"咬定"和"不放松"看到了竹子牢牢扎根在岩石之中，一点也不松懈。

(2) 从"破"字体会到了这个岩石是非常坚硬的，竹子生长的环境是非常恶劣的，可它还是牢牢地"咬"住岩石，努力生长。

3. 指名读，竹石是抱着怎样的态度来面对各种磨砺的？

4. 结合课前搜集的资料，再谈谈你对《竹石》的理解。

预设二：郑板桥因为心系百姓，给老百姓开仓放粮而得罪了上级和地方豪绅，他不愿意和他们同流合污，所以辞官而归，卖画为生。这竹石更是他自己坚韧不拔、铮铮铁骨的写照。

(1) 再读《竹石》，体会郑燮为什么爱竹？

感受郑燮咏竹言志，发现瘦竹怪石背后坚韧不拔、高洁傲岸的作者。

(2) 将《竹石》题写到自己的竹画上，让自己的竿竿墨竹也变得更有意趣。（配乐：《经典咏流传》之肖战《竹石》）

5. 欣赏学生《竹石》作品。

[设计意图]　王崧舟老师说："诗活在读中，要感同身受，要创造性读，出声读，用声音传达并感其情。"韩愈说："手披目视，口咏其言，心惟其义。"可见吟读是学习诗歌非常重要的手段。只有反复吟诵，才能在不知不觉间将内容和理解化为自己的东西。对于古诗的学习，想象画面是非常重要的一种学习方法。统编教材三年级下册第一单元语文要素就提到了"试着一边读一边想象画面"，六年级上册第一单元也有"阅读时能从所读的内容想开去"这样的语文要素。从"试着"和"能"两个词中，我们可以看到能力要求的提升，更可以想见想象画面在古诗学习中的重要作用。学生想象画面，交流画面，在交流的过程中互相学习，锻炼自己对诗歌的感悟能力和语言的表达能力。把《竹石》题写在自

己的竹画上,将这一板块和"画竹"板块联系起来。又如清代方薰所云:"高情逸思,画之不足,题以发之。"让学生体会诗配画这一种艺术形式,让学生的审美情趣得以培养,核心素养得以提升。

第四板块:赏竹留疑,品人之风骨

1. 说起墨竹,郑板桥曾经这样评论过一个人的画技:画竹之法,不贵拘泥成局,要在会心人得神,所以梅道人能超最上乘也。他就是吴镇,我们身边的大画家。有谁了解他呢?请学生介绍"元四家"之一的吴镇,随机欣赏吴镇书画。

2. 为什么吴镇也这么爱画竹?文人为什么都如此爱竹?这竹之风骨,你品出了几分?为了解开这个谜团,请大家组建"竹风"探秘小组,在我们游学时去吴镇纪念馆一探究竟。

[设计意图] 朱自清在《经典常谈》一书中说:"经典训练的价值不在实用,而在文化。"本次的古诗词项目式学习其目标之一就是让学生体悟文化的传承价值。

千百年来,为什么竹子为文人墨客所喜爱?从《诗经》"瞻彼淇奥,绿竹猗猗。有匪君子,如切如磋,如琢如磨"到"胸有成竹"的文与可和"不可居无竹"的苏东坡,再到"咬定青山不放松"的郑燮和"无竹不可留"的吴镇……从语文课的诗词诵读到国画课的临摹体验,从课堂学习到课外游学,我们一定能从这一位位文人的生平和他们笔下的竹中得到答案,我们也一定能从自己的阅读体验和实践体悟中找到答案。

千百年后,我们的少年会不会依然爱竹?依然保有竹的风骨?依然可以成为竹一般的谦谦君子?这些问号,就留给课程,留给时间吧……

第18课　黄庭坚《清平乐》

[诗话]

春归何处

——读黄庭坚《清平乐》和王观《卜算子·送鲍浩然之浙东》

一说起"春"的诗句,那就像是拧开了关不住的水龙头。当然,这样比方本身少了许多"春"的诗意。那就换种诗意的表达:若问春在何处?春在王安石笔下的"春风又绿江南岸"里,春在叶绍翁《游园不值》的"一枝红杏"里,春在辛弃疾陌上所见"溪头荠菜花"里,春在杜牧的"千里莺啼"和"楼台烟雨"里……春,在诗人——小朋友的眼睛里。

那么,请问:春归何处?

有多少人曾经这样问过自己,问过他人,问过春啊!秦观问"池上春归何处,满目落花飞絮"(《如梦令·池上春归何处》),辛弃疾感叹"春归何处?却不解、带将愁去"(《祝英台近·晚春》)。北宋文学家黄庭坚作词《清平乐》(收录在统编教材六年级下册"古诗词诵读"单元),也是这般自问:

第18课 黄庭坚《清平乐》

春归何处？寂寞无行路。若有人知春去处，唤取归来同住。

春无踪迹谁知？除非问取黄鹂。百啭无人能解，因风飞过蔷薇。

词人因春天的逝去而感到寂寞，脚步无处可觅，内心无处安放。他在苦苦寻找春天归去的踪迹，希望如果有人知道春天的去处，唤她回来，他要和春天在一起。词人的奇想，让我们感受到一个不一样的春天。春天，她是词人走散的亲人，她是词人远行的好友。试问，谁能把归去的春天唤回来呢？词的下阕以"春无踪迹"开篇，表明了没有人知道春的离去，春去得无影无踪。真的没有人知道吗？紧接着"谁知"二字说得委婉、含蓄——有谁知道呢？此刻，词人内心是多么纠结啊，还在苦苦追寻春的踪迹。就在这觅而不得的时候，事情似乎有了转机——除非问取黄鹂。为何词人不问子规，不问白鹭，而是只问黄鹂呢？黄鹂是古典诗词中的常用意象，《诗经》有云"仓庚于飞，熠耀其羽""春日载阳，有鸣仓庚""仓庚喈喈，采蘩祁祁"。这仓庚就是黄鹂，也叫黄莺。它不光外形俊美，还有婉转动听的叫声和温和柔婉的性情。诗人曾几说"绿荫不减来时路，添得黄鹂四五声"，那是三衢道中善解人意的黄鹂；黄庭坚说"溪上桃花无数，花上有黄鹂"，那是武陵溪上象征美好寓意的黄鹂。因为黄鹂的歌声既没有子规那么忧郁悲伤，也没有白鹭那么高冷孤洁，所以当不知春归何处的时候，词人说除非问取黄鹂。你听，黄鹂说了吗？说了。可惜"百啭无人能解"啊！谁又能听懂黄鹂婉转的鸣叫声呢？刚刚燃起的希望再被扑灭，只好任凭黄鹂飞过蔷薇去，蔷薇花开，夏天已至，春天就真的回不来了。

这一首词，没有描写暮春景物，而是以新奇的想象，创造出跌宕起伏、饶有变化的意境，层层叠加词人喜春、爱春、惜春之心理。结语一句，细语轻柔，余音袅袅，言虽尽而意未尽。让人不禁遐想：若是词人找到了春天，他们在一起会做些什么呢？是再品一杯春茶，再喝一杯春酒，还是再聊一会儿春天……

如此爱春，盼望着和春同住的又何止黄庭坚一人呢？王观在《卜算子·送鲍浩然之浙东》（收录在统编教材六年级下册"古诗词诵读"单元）中就把这祝愿送给了好友鲍浩然。词曰：

水是眼波横，山是眉峰聚。欲问行人去那边？眉眼盈盈处。

才始送春归，又送君归去。若到江南赶上春，千万和春住。

作为一首送别词，词人除了表达了对友人的不舍与留恋，还有一份美好的祝福——千万和春住！这与黄庭坚心中渴望"唤取归来同住"是何等的相似啊！两者不同的是：黄庭坚以"唤取"为"同住"之法；王观以"追赶"为"同住"之法，表现得更为积极，更为迫切，也似乎更有实现愿望的可能。词人祈愿通过物理空间的转换之法追赶春天，这样的想象既有几分合理，又带着诗性的光芒，不可谓不妙。"若到江南赶上春"，词人要追赶的会是一个怎样的春天呢？词的上阕，用了妙喻——以眼喻水、以眉喻山，把山水比作一位佳人。友人所去之处，正是这如同佳人般美丽的山水浙东。词中"眉眼盈盈"一语双关，既是指浙东山水美如女子"眉眼盈盈"，又是暗指浙东有"眉眼盈盈"的美丽女子在盼着友人归去。另外，从词的结构来看，"眉眼盈盈处"一则呼应上文的"山水"，把山水合二为一；二则移情下文的"春"，给春天拟人化，添加一份特别的情意。贴切、自然的妙喻，生动、新雅的赠言，让这一首送别词妙趣横生、独树一帜。

用诗性的思维读诗、读春天，见到了诗词"春天文化"的另一种美——惜春。王安石有《惜春》诗曰："满城风雨满城尘，盖紫藏红漫惜春。春去自应无觅处，可怜多少惜花人。"惜春，其实是诗人内心对时光易逝的自然流露。春光虽然美好，但总是在时间的河流里慢慢消逝。面对这一份消逝，清代诗人翁格用一首《暮春》抒发胸臆："莫怨春归早，花余几点红。留得根蒂在，岁岁有东风。"这小诗中似有"野火烧不尽，春风吹又生"之意，这样的"待春归"也算是伤而不悲，哀而不怨了。你在等待春归吗？看着时光流逝，宋代大文豪苏轼发出振聋发聩之声："谁道人生无再少？门前流水尚能西！休将白发唱黄鸡。"这才是"惜春"最为贴切的打开方式：惜而不惋，惜而不叹，紧紧抓住每一个"滴答"的印迹，不教一日闲过，不教一春逃过，否则，就只得在诗人朱自清先生的"匆匆"里找寻答案了。而且当你在"匆匆"里找寻答案的时候，春又匆匆地去了……

"春归何处"，是词人心灵的拷问：一个真正爱春的人，春又怎可能归去呢？春归？曰：春未归！吾心与春同在！

[诗案]

眉眼盈盈和春住

——六年级下册黄庭坚《清平乐》教学设计

【教学目标】

1. 类比阅读《清平乐》《卜算子·送鲍浩然之浙东》等词，积累优美词句。

2. 抓住诗中"春归何处""千万和春住""眉眼盈盈处"等关键词句，通过类比品读想象，感受词人笔下不一样的"惜春"情怀。

【教学预设】

第一板块：春的飞花令

1. 游戏："春城无处不飞花"，围绕一个关键字春，一起来做一个诗词小游戏——班级飞花令！

预设：

春风又绿江南岸，明月何时照我还。——［宋］王安石

春色满园关不住，一枝红杏出墙来。——［宋］叶绍翁

不知细叶谁裁出，二月春风似剪刀。——［唐］贺知章

几处早莺争暖树，谁家新燕啄春泥。——［唐］白居易

2. 导入：春在江南岸，春在一枝红杏里，春在一树柳叶上，春在莺歌燕舞中……试问春归何处？

板书：春归何处

[设计意图] 儿童是游戏者。不管什么样的游戏，只要听到"游戏"二字，儿童就会被自然唤醒。飞花令原本是古人行酒令时的一个文字游戏，《中国诗词大会》等诗词综艺栏目引进并改良了"飞花令"，让"飞花令"走进大众的视野，使大众体验诗词学习的乐趣。

春归何处？有多少诗人、词人这样自问。从自然科学的角度而言，春，当归于夏——春去夏来。当然，在诗词语境里，春归何处这不是一个自然科学的命

题，而是一个生命哲学的命题。这一问，将激发起儿童对诗词世界阅读与探索的兴趣。一位作家曾说："小学校里的文学的教材与教授，第一须注意于'儿童的'这一点，其次才是效果，如读书的趣味，智情与想象的修养等。"鉴于此，古诗词的学习，首先就是要用"儿童的"来替换"古诗词"的一个"古"字——儿童的诗词！

第二板块：春归何处

1. 生读题《清平乐》，师范读全词。

2. 生读词，正音，圈问句。说说词人在问什么呢？板书：春归何处 春无踪迹谁知

3. 朗读想象，细品"春归"。讨论：春归何处，词人内心是怎样的感受？春归何处谁知？

预设一：聚焦"寂寞无行路"，展开想象，春的离开，让作者感到一种怎样的寂寞呢？想象一下，这位寂寞的词人，日出东方，他在做什么呢？日上三竿，他在做什么呢？日落西山，他又在做什么呢？

预设二：围绕"除非问取黄鹂"，展开想象，你仔细聆听黄鹂的啼叫，你能听出什么呢？

4. 拓展：引读"春归何处"的词句。

◎池上春归何处，满目落花飞絮。——秦观《如梦令·池上春归何处》

◎春归何处，却不解、带将愁去。——辛弃疾《祝英台近·晚春》

◎毕竟春归何处所，树头树底无寻处。——段克己《渔家傲·诗句一春浑漫与》

[设计意图] 边朗读边想象，是儿童阅读诗歌的基本方法，也比较符合诗歌阅读的学科逻辑和儿童学习的心理逻辑。《义务教育语文课程标准（2011年版）》在"学段目标与内容"中，对小学三个学段的古诗阅读都提出"想象"这一要求。此环节聚焦"寂寞无行路"，想象这位寂寞的词人在做什么呢？聚焦"除非问取黄鹂"，想象从黄鹂的鸣叫声里听出了什么呢？

第三板块：与春同住

1. 朗读诗词：指名朗读王观《卜算子·送鲍浩然之浙东》，正音，齐读。

2. 对比阅读：感受"同住"之情的异同。

> 春归何处？寂寞无行路。若有人知春去处，唤取归来同住。
> ——黄庭坚《清平乐》
> 才始送春归，又送君归去。若到江南赶上春，千万和春住。
> ——王观《卜算子·送鲍浩然之浙东》

预设：相同之处，都强烈地表达"与春同住"的愿望。不同之处，一是"若有人知""唤取"同住，一是"若到江南赶上""千万"同住。从"唤"和"赶"的比较中，能感受后者表达的情感更为迫切。

3. 同桌互学：你见过的江南的春是怎样的景象呢？词中怎样写江南呢？

预设：水是眼波横，山是眉峰聚。联系自己所见，结合诗句想象江南春天"眉眼"之间的景象。

4. 回环朗读：品味江南春景，感受与春同住。

[设计意图] 如果从送别诗词的一般阅读经验出发，往往会进入"借景抒情""叙事抒情"的窠臼。但当这首送别词与黄庭坚的《清平乐》对比着读，言和意的似曾相识成为阅读的第一体验，这是一种陌生化的阅读体验，也是群诗主题阅读特有的阅读体验。

第四板块：四时皆春

1. 小组讨论：词人黄庭坚、王观，他们心中的"春天"是什么样的呢？
2. 推荐阅读：出示朱自清《匆匆》选段"去的尽管去了，来的尽管来着……"师配乐朗诵，追问聪明的你，告诉我，春归何处？
3. 互动练笔：以"四时皆春"开头，写一段阅读感悟。

[设计意图] 朱光潜先生说："物的形象是人的情趣的返照。人不但移情于物，还要吸收物的姿态于自我，还要不知不觉地模仿物的形象。"从这个美学意义而言，春的形象就是儿童的情趣的返照，继而看见儿童自我的姿态。每个儿童心中都有一个"春天"的存在，每一个"春天"都可以唤作美好！

在经历了诗词与诗词的比照参读，在经历了诗词与散文的比照参读，特别是在经历了诗词与自我的比照参读后，以"我笔写我心"的方式，把这个美好诉诸笔端，定格成一个一个方块的汉字，感受四时皆春之美好是课堂审美的一种追求，也是课堂思维的一种绽放。

词浅而情深，言近而旨远。"慢慢走，欣赏啊！"看见属于自己的春天！

板书设计：

赞春

春归何处　　　与春同住

惜春

第 *19* 课　杜甫《春夜喜雨》

[诗话]

春 雨 滋 味

——读杜甫《春夜喜雨》

统编教材六年级下册"古诗词诵读"单元有这样三首唐诗：杜甫的《春夜喜雨》、王维的《送元二使安西》、韩愈的《早春呈水部张十八员外》。它们既非同一题材，有送别诗，也有写景诗，也非同一体裁，有七言绝句，也有五言律诗，把它们放在一起比照着读，不知在这"异"中可见何"同"呢？

《春夜喜雨》是一首描绘春夜雨景的咏物名诗。杜甫作此诗时，已在成都草堂定居两年。相比于此前颠沛流离的流亡生活，成都给了他身心些许安定、些许安慰。他在《卜居》一诗中说："浣花溪水水西头，主人为卜林塘幽，已知出郭少尘事，更有澄江销客愁。"在草堂他手植花木、耕作菜园，与农为伴、与农为友，对春雨多了一份"风调雨顺"的农事情怀。这是首描写春夜降雨、润泽万物的五言律诗：

好雨知时节，当春乃发生。随风潜入夜，润物细无声。

野径云俱黑，江船火独明。晓看红湿处，花重锦官城。

诗的首联，一开头就用一个"好"字赞"雨"。雨之好，在"知时节"——它懂得何时该来。其中"知"字用得传神，简直把雨给写活了。春天是万物萌芽生长的季节，正需要下雨时，雨就下起来了。雨之好，在"润物无声"，它懂得无须声张，悄悄地伴着和风，默默地滋润万物。在它的滋润下，目之所及都是绿的。雨之好，在"锦官城"，它懂得恰如其分，让花儿微微湿润，红得更艳，艳得更美。锦官城是成都的别称，诗人在这里不用"成都城"而用"锦官城"，其妙有三：一是音韵和谐；二是"锦"字见美，与"红"与"花"呼应，更有"锦上添花"之意；三是"锦"字见喜，看眼前春花带雨，鲜艳欲滴，想象雨后春满成都，有"前程似锦"之义。虽然全篇除了题目并未有一个"喜"字，却处处透露着诗人的喜悦之情。明人周珽《唐诗选脉会通评林》："此诗妙在春时雨，首联便得所喜之故，后摹雨景入细，而一结见春，尤有可爱处。"

韩愈是唐代大文学家，被尊为"唐宋八大家"之首，后人将其与柳宗元、欧阳修和苏轼合称"千古文章四大家"。《早春呈水部张十八员外》是一首描写和赞美早春美景的七言绝句，属写景佳作。从诗题可知，这首诗是韩愈写给他的友人水部张十八员外的。张十八就是写《秋思》的张籍，他在同族兄弟辈中排行十八，故称张十八。古代诗歌中这样的称谓很多，像《别董大》中的"董大"，像《送元二使安西》中的"元二"。韩愈作《早春呈水部张十八员外》似乎意在引逗友人游春，诗曰：

天街小雨润如酥，草色遥看近却无。

最是一年春好处，绝胜烟柳满皇都。

诗中描写早春丝雨纷纷，像酥油那般细腻，滋润着长安的大街小巷。刚刚萌发的春草远远望去，碧绿碧绿，连成一片，走近再看，那碧绿反而又消失了。这般美景是一年中最美好的，远远胜过烟柳满城的暮春时节。诗中"润如酥"一比，使人联想到"春雨贵如油"一说，不但使人感到湿润、舒适，也易引发春雨异常珍贵的联想。这和杜甫笔下的"好雨知时节，当春乃发生。随风潜入夜，润物细无声"有异曲同工之妙。但如果诗人写"天街小雨润如油"那就显得油腻了，美感也全无了。因此这个"酥"，既是酥油的意思，也有一种酥酥之感。诗中"最是"一赞，把"一年之计在于春"又推进了一层，那是说一春之计在于"早"——早春的小雨和早春的草色。诗中"绝胜"一比，把皇都（唐代都城长安，今陕西西安）满城烟柳比下去了，也把贺知章的"万条垂下绿丝绦"比下去了，把韩翃的"寒食东风御柳斜"比下去了，把王维的"柳绿更带朝烟"也比下去了。若是把三、四两句的首字连起来，那就是"最绝"二字。这早春景色在韩愈看来是完全配得上这"最绝"二字的。他的好友张籍读了这首诗，定也恍如自己就行走在这春景里，行走在诗人的身边。春雨这般珍贵，好友之间的情谊也是这般珍贵啊！

王维的《送元二使安西》一诗可以说是妇孺皆知，耳熟能详，它是送别诗中的"静夜思"，被誉为唐诗"压卷之作"。有一回看《经典咏流传》，歌手曹轩宾用陕西话演绎此诗，听罢不禁泪眼蒙蒙。遐想着，千百年来有多少人因为听着这首诗谱成的《阳关三叠》（也叫《渭城曲》）而潸然泪下。在唐朝，被派遣到安西都护府（也就是现在的新疆及中亚五国等地）是一件荣耀之事，也是一次远行戍边的壮举。诗人和友人从都城长安一带出发，一直走到渭城（今陕西咸阳）的客舍，到了最后分手之地。"天下没有不散的筵席"，酿满别情的酒喝了一夜，写满别情的歌唱了一夜。清晨，诗人带着浓浓的酒意、愁愁的别意醒来了，只见细雨湿润了平日尘土飞扬的驿道，又见细雨洗绿了客舍外的一树柳枝，不由诗兴大发：

渭城朝雨浥轻尘，客舍青青柳色新。

劝君更尽一杯酒，西出阳关无故人。

一场离别，诗人没有写分别之时的豪迈相劝，如"莫愁前路无知己，天下谁人不识君"，也没有写分别之后的极目远眺，如"孤帆远影碧空尽，唯见长江天际流"，只把镜头定格在那干了一杯又一杯的酒上。一个"无故人"，便是"更尽一杯酒"的最好理由。这酒散发着怎样的滋味呢？是强烈的、深挚的离别愁苦。其实，这滋味除了在酒里，也在这"浥轻尘"的"朝雨"里。这朝雨细细密密，湿润了轻尘，湿润了柳枝，自己却没有了踪迹。就像诗人的好友离别之后，归来不知何时，定是念念无声响。清代徐增在《而庵说唐诗》中说："人皆知此诗后二句妙，而不知亏煞前二句提顿得好。此诗之妙只是一个真，真则能动人。后维偶于路旁，闻人唱诗，为之落泪。"一首好诗，让读者动容；一首好诗，更让作者因闻读者的诵读、吟唱而再度动容。看来法国作家罗兰·巴特关于"作者已死"的观点又有新的诠释了——作者已死，但作为自我读者的作者依然活着！

细细读来，我们发现这三首诗都写到了春雨，且都写到了春雨之"润"。但这相同的"润"里，却有着完全不同的滋味。其实自然界的雨，本没有什么特别的滋味，只是听雨的人、品雨的人心境不同，才会品出这个中滋味！

宋代词人蒋捷用一首《虞美人·听雨》道出了人生听雨的三重境界："少年听雨歌楼上。红烛昏罗帐。壮年听雨客舟中。江阔云低、断雁叫西风。而今听雨僧庐下。鬓已星星也。悲欢离合总无情。一任阶前、点滴到天明。"那么，春雨来了，你是否也在听雨呢？你又在哪一重境界呢？

[诗案]

好雨·小雨·朝雨：一场春雨千般"润"

——六年级下册杜甫《春夜喜雨》教学设计

【教学目标】

1. 类比阅读《春夜喜雨》《送元二使安西》《早春呈水部张十八员外》三首唐诗，积累诗句，感受诗人笔下不一样的春雨景致。

2. 抓住诗中关键字词，通过类比品读想象，体会诗人表达的春雨滋味。

3. 运用多种方法有感情地诵读这三首诗歌，感受诗歌文化之美。

【教学预设】

第一板块：春雨记忆

1. 提问：你听过雨声吗？它带给你怎样的感觉？

2. 导入：这个春天，让我们走进诗里，听春雨，品春雨滋味。

板书：春雨滋味

[设计意图] 大自然的声音是极其美妙的，聆听是拥抱自然的一种表达。比如雨声，季羡林先生说："在中国，听雨本来是雅人的事。"在古琴曲《竹山听雨》的伴奏下，引导学生做一回"雅人"，回忆曾经听雨的感受，引发学生对春雨的遐想与品读。

第二板块：春夜喜雨

1. 读诗题《春夜喜雨》，从题目上看，这雨是什么滋味呢？

板书：作者　课题

2. 读诗，正音，圈词。说说从诗中你品出了这雨是什么滋味呢？

板书：美好　喜悦

3. 朗读并想象，细品春雨滋味：你从哪儿体会出这雨的喜悦、雨的甜美？

板书：好雨　润物　无声　锦官

预设：

（1）好雨知时：想象知时与不知时、好雨与坏雨之别，品"时之好"。

（2）润物无声：想象无声与有声之别，品"声之好"。

（3）花重锦官：了解锦官城的由来，想象满城"晓红"之景，品"色之好"。

4. 小结：春夜喜雨，喜在何处？

[设计意图] 朗读想象是儿童阅读诗歌的基本方法，也比较符合诗歌阅读的学科逻辑和儿童学习的心理逻辑。《义务教育语文课程标准（2011年版）》的"学段目标与内容"中，对小学三个学段里古诗阅读都提出"想象"这一要求。听一场春夜好雨——时好、声好、色好，展开想象，朗读并品味雨之喜悦和甜美。

第三板块：天街小雨

1. 杜甫在成都听得一场"好雨"，喜不自胜。那么有"唐宋八大家"之首美誉的韩愈，他笔下的春雨又是怎样的呢？出示《早春呈水部张十八员外》，指名读诗。

2. 同桌讨论，根据《春夜喜雨》学习中所习得的方法，完成互学单中的学习内容。

诗人	诗题	春雨	滋味	地点	题材
杜甫	《春夜喜雨》	好雨润无声	美好甜美	锦官城（成都）	咏物
韩愈	《早春呈水部张十八员外》				

3. 交流：出示唐代行政区域图，在图上标注"锦官城""杜甫"。这春雨曾落在锦官城，杜甫说——好雨知时节，当春乃发生。这春雨也曾落在"皇都"，韩愈说——天街小雨润如酥，草色遥看近却无。

板书：小雨润如酥　珍贵　绝美　皇都（西安）　写景

预设：

（1）润如酥：出示朱自清《春》中"雨"的句子：看，像牛毛，像花针，像细丝，密密地斜织着，人家屋顶上全笼着一层薄烟。

在你看来，春雨像什么呢？

在韩愈看来，春雨又像什么呢？又是为什么呢？

（2）"最""绝"：朗读诗的三、四句，圈出各句的第一个字，说说你怎么理解"最绝"二字？

4. 回环朗读，品味春雨滋味。

[设计意图]　此处引入唐代行政区域地图，给孩子补补地理的"钙"，感受诗意里的地名和地名里的诗意。韩愈在诗的首句写"天街小雨润如酥"，与杜甫的"润物细无声"一句都有一个"润"字，但选取的角度不一样：一个是触觉感受，一个是听觉感知。对于细密的春雨，学生的共同认知是"像牛毛""像烟雾""像细丝"……如朱自清笔下的春雨，就易引起学生的情感共鸣。但"润如酥"对学生而言是非常陌生的，这是诗人内心特有的情感体验。课堂上要利用好这种特有的"诗歌语言的陌生化"，体会春雨如油所以滋润春草萌发，方有草色"遥看近无"的奇异景象，才有早春"最绝"的无限赞叹！

第四板块：渭城朝雨

1. 听了"锦官好雨""天街小雨"，你再听听这里的雨。教师出示"听雨提示"：

①自由读诗,听听诗中雨声,圈一圈,品有雨中滋味的词句。②填写学习单(同前文),与小组同学分享。古琴曲《阳关三叠》伴学。

2. 学习单交流。

板书:朝雨 浥轻尘 伤悲 忧愁 渭城(咸阳) 送别

3. 拓展微课了解"渭城曲""阳关三叠"的典故,配乐古琴曲《阳关三叠》。朗读诗歌。

4. 体会"渭城朝雨浥轻尘"和"西出阳关无故人"的情感联系,对读诗句。

5. 体会"渭城朝雨浥轻尘"的"浥"和"润无声""润如酥"的"润"的情感差异。回环朗读此三句。

[设计意图] 从"引学"到"伴学",再到"自学",诗歌阅读之法自然迁移。把一张表格化身为一张诗歌学习手账,沿着这一份诗意手账学生可以寻得更多的"春雨滋味",以及由此而生发的诗歌阅读之法,如"秋雨滋味""春风滋味"等,轻轻叩开"异中见同"的诗歌阅读之门。

古代的诗歌总是可以歌唱的,而这一首更是经典。《渭城曲》或叫《阳关三叠》,其背后是诗文与音乐的流转与融合。课堂上需努力再现"诗者乐章也"的美学意境,使学生接受文化的启迪和熏陶。

第五板块:记忆春雨

1. 出示学生完整学习单,小结:不管是锦官的雨,皇都的雨,还是渭城的雨,它们都是自然界寻常的雨,并没有什么特别的滋味。之所以我们能从中品出那么多不同的滋味,那是因为雨中的人在彼时彼刻有不同的感觉。

诗人	诗 题	春雨	滋味	地点	题材
杜甫	《春夜喜雨》	好雨 润无声	美好 甜美	锦官 (成都)	咏物
韩愈	《早春呈水部张十八员外》	小雨 润如酥	珍贵 绝美	皇都 (西安)	写景
王维	《送元二使安西》	朝雨 浥轻尘	伤悲 忧愁	渭城 (咸阳)	送别

2. 这样的雨,在诗歌里还有很多,在你未来的世界里也会有。课后作业:在诗词里听雨,在生活里听雨,记录在"春雨滋味"的手账里。

3. 播放散文朗读音频：季羡林先生的散文《听雨》。

[设计意图] 从"春雨记忆"到"记忆春雨"，孩子们在春雨中与诗人同喜、与诗人同悲。读诗的过程，是心灵成长的过程：感受自然风雨、自然草木都是诗人抒发情感、表达意趣之所在；读诗、品诗的过程中，寻觅着春雨的意境，也寻觅着成长的意境。课堂讲解在季羡林先生的散文《听雨》中缓缓结束，静静聆听：又见"润物细无声"，还见"少年听雨歌楼上"……

如此听雨，听的又何止是雨？是人，是己！

第20课　范仲淹《江上渔者》

[诗话]

江上渔者

——读范仲淹《江上渔者》与梅尧臣《陶者》

在统编小学语文教材 115 首古诗词里，有那么几首反映乡村劳作的诗词。比如教材选入的第一首诗——《江南》，选自《汉乐府》，描写采莲时节的江南风光和采莲人欢乐的心情。另外还有一年级的《悯农》（其二）、二年级的《悯农》（其一）、三年级的《采莲曲》、四年级的《清平乐·村居》、五年级的《乡村四月》，以及六年级的《江上渔者》等，总共有 9 首。虽说数量不是非常多，不到教材内所选古诗文的 1/10，与教材内所选李白的诗的总量相当，但是，值得注意的是这一主题的诗词在每一个年级都有，足见编者对有关"劳动"诗词的珍视，也体现了中华民族对"爱劳动"这一传统美德的重视。尤其是在高扬"劳动创造美好未来"的今天，这一类诗词被赋予了崭新的时代价值。

《江上渔者》是这 9 首中的最后一首。诗出自北宋名相范仲淹笔下，选入统编教材六年级下册的"古诗词诵读"单元。诗曰：

> 江上往来人，但爱鲈鱼美。
>
> 君看一叶舟，出没风波里。

范仲淹的诗文入选小学统编教材的仅此一首，着实可惜，也更显珍贵。作为北宋杰出的政治家、文学家、军事家、教育家的范仲淹，他"二岁而孤，母贫无依，再适长山朱氏"，后勤奋苦学"大通六经之旨""慨然有志于天下"。在经历"庆历新政"的挫败后，范仲淹贬居邓州。昔日好友滕子京谪守巴陵郡，重修岳阳楼，求他作记，并附上《洞庭晚秋图》做参考。他由此完成了一篇史上"看图作文"的不朽名篇《岳阳楼记》，其中"先天下之忧而忧，后天下之乐而乐"一句，对后世影响深远，体现了古今仁人志士之节操、之气节。那一年，他57岁，但这样的"忧乐"思想早已有之。他在《灵乌赋》中说："宁鸣而死，不默而生。"

正是这样的"忧乐"精神的指引，他看"鲈鱼美"，看见的却是"渔人苦"。江岸上人来人往，他们都是冲着鲜美的鲈鱼而来。以现在的视角想象，这是一个网红渔人码头。按理说，接下来要写两句溢美之词。但诗人笔锋一转，把读者的视线拉到了惊涛骇浪的捕鱼场景中，诗句"君看一叶舟"一出，把"但爱鲈鱼美"的画面瞬间定格。只见一叶小舟"出没风波里"，时而露出一个船尖，时而露出一个船尾，眼看着时时都有被大浪吞没的可能。这时候，你再看看这筷子上的鲈鱼，它的鲜美之中还有什么呢？全诗四句，20字，语言非常朴实、极为浅显，但刻画的两个对比鲜明的场景却耐人寻味——岂能"但爱鲈鱼美"呢？更爱渔者美！

很早就能在古诗词里看见"劳动之美"，《吴越春秋》中的《弹歌》："断竹，续竹，飞土，逐宍。"八个字，把原始社会中先民狩猎的场景描写得惟妙惟肖。统编小学语文教材中，诗词里的"劳动之美"也是异趣横生、精彩纷呈，比如《清平乐·村居》里的田园劳作场景。但是，有一种"劳动之美"，并非是劳作之乐，而是劳作之苦。这样的美是一种艰辛的拼搏之美，是一种奉献的精神之美。习近平总书记在全国教育大会上强调："要在学生中弘扬劳动精神，教育引导学生崇尚劳动、尊重劳动，懂得劳动最光荣、劳动最崇高、劳动最伟大、劳动最美丽的道理，长大后能够辛勤劳动、诚实劳动、创造性劳动。"这正体现了新时代的儿童需要看见的"劳动之美"，一切不劳而获都将遭到唾弃。

由此，自然会想起北宋另一首名篇《陶者》：

> 陶尽门前土，屋上无片瓦。
>
> 十指不沾泥，鳞鳞居大厦。

诗的作者梅尧臣是北宋著名诗人，他比范仲淹小14岁，两人曾是忘年之交。从《陶者》的字里行间，读者也能感受到两人应是志趣相投、志同道合。全诗四句，句句对比：前两句对比一个劳动者的付出与所得，后两句对比一个剥削者的付出与所得，巧妙之处在于前两句与后两句形成更加鲜明的对比。这样环环相扣的对比，道出世间不公，揭露社会疾苦，引发悲悯之情。

在范梅二人之后，北宋还有一位名不见经传的诗人张俞，应该说他的诗比他更具盛名——《蚕妇》。这同样是一首五言绝句，诗先写养蚕的农妇入城市卖蚕丝的所感"昨日入城市，归来泪满巾"，再揭示蚕妇所感背后之所见"遍身罗绮者，不是养蚕人"。这样类似倒叙的表达结构，先是激发读者的好奇之心，再点燃读者的同情之心。

在古诗词里，不能只看见热火朝天的劳动场面，不能只看见小儿学农的憨态可掬，更应看见劳动艰辛之美，看见诗人怀揣"忧乐"之美。从《江上渔者》到《陶者》，再到《蚕妇》，不同的诗人，不同的描写角度，都指向于相同的情感表达，甚至连诗中的表达方式都有几分相似：浅白如话的语言，发人深省的对比。

孟子曰："乐以天下，忧以天下。"是为乐也！

[诗案]

渔者·陶者·蚕者：乐以天下，忧以天下

——六年级下册范仲淹《江上渔者》教学设计

【教学目标】

1. 类比阅读《江上渔者》《陶者》《蚕妇》等三首诗，了解诗句意思，感受诗人

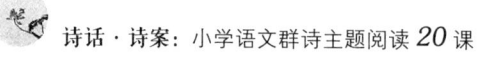

笔下的劳动者形象。

2. 抓住诗中对比的表达特色，体会诗人表达的情感。

3. 通过诗与诗、诗与文的互文参读，体验"乐以天下，忧以天下"的文化之美。

【教学预设】

第一板块：合作研读，了解忧乐

1. 看图片，设疑：他是范仲淹，是北宋时期著名政治家、军事家、文学家、教育家。你觉得哪一个称谓是你最意外的？

2. 你了解范仲淹吗？小组共读文言短文《范仲淹苦学》。共读任务：①小组成员接读，通读全文。②共同提取三条关键信息，了解范仲淹。

3. 自主学习交流，齐读一条普遍认为最为关键的信息，初步感受诗人的人生志向。

> 常自诵曰："士当先天下之忧而忧，后天下之乐而乐。"
>
> ——《范仲淹苦学》

[设计意图] 这个板块的设计是一种大胆的尝试，没有"情境"，没有"谈话"，一改以往导入环节的"激趣""铺垫""设疑"，直接把一篇文言短文抛给学生。之所以这样做，有三个理由：首先，在统编教材体系下成长起来的学生，到了毕业季（仅教材内的文言文就读了14篇）已经掌握了阅读文言文的一般方法，有基本的自主阅读能力；其次，以任务驱动，采用小组共读的学习方式，减缓课始的紧张情绪，激起学生积极心理体验的需求，共同进入良好的学习磁场；最后，只需完成"信息提取"，虽然阅读文本是文言文，但依然属于浅层次阅读素养要求，学生"踮踮脚，就能摘到果子"。

这样做的意义，概括起来也有三点：一是课一开始就在变化中求新，这其实依然是"激趣"；二是通过诗文比照阅读之后"了解诗人"，这其实还是"铺垫"；三是聚焦一条关键信息发现诗人之志，这其实就是"设疑"，且设下一个"大疑"，架起一座"忧乐"主题的人文大桥，横亘全课。

第二板块：自主品读，看见忧乐

1. 自由读诗，读准生字"鲈"，延伸"桃花流水鳜鱼肥"的"鳜鱼"，"半夜鲤鱼来上滩"的"鲤鱼"；指名朗读，全班跟读。

2. 师生对读，初步体会渔者的境遇和食鱼者的表现。

3. 观看插图，想象对话，丰富对渔者生活艰辛的感受。

> 师问：君，你看见了什么呢？
> 生对：我看见_____

预设：

（1）我看见一个身披蓑衣、头戴斗笠的捕鱼人驾着一叶小舟在风浪里搏斗。小舟时而被巨浪吞没，时而又从虎口脱险。

（2）我看见一群食客，一边品尝着鲈鱼，一边夸赞这鲈鱼味道鲜美。

（3）我看见诗人对渔者的辛勤劳动的同情与赞美。

4. 小结回读："士当先天下之忧而忧，后天下之乐而乐。"

[设计意图] 俞陛云先生在《诗境浅说》的序中记"忆弱冠学诗，先祖曲园公训之曰：学古人诗，宜求其意义，勿猎其浮词，徒作门面语"。那么，又该如何"求其意义"呢？联结"其浮词"，在想象对话的过程中，走进诗境，亲身感受"意蕴之深，诗境之妙"。

在这首诗里，对话的窗口就在"君看"二字。"君，你看见了什么呢？"这一问，联结第一个诗境画面——"但爱鲈鱼美"，也联结了第二个诗境画面——"出没风波里"，同时又把这两个不在同一时空维度的诗境画面联结在一起，成为一种鲜明的对比，在学生的脑海中不断撞击，不断回荡。其意义，不求自得。常记得王崧舟老师说"作者怎么写，你就怎么教"。既然诗人让君看，那么，君就仔细看……不负诗人一番美意！

第三板块：互文联读，体悟忧乐

1. 欣赏《陶者》插图，发现上下对比的画面布局特色。

2. 师生对读诗句，发现诗句间的三处对比关系，体会劳而无获的陶者与不劳而获的居者之间的鲜明对比。

（1）对读：陶尽门前土——屋上无片瓦；十指不沾泥——鳞鳞居大厦。

（2）对读：陶尽门前土——十指不沾泥；屋上无片瓦——鳞鳞居大厦。

（3）对读：陶尽门前土，屋上无片瓦——十指不沾泥，鳞鳞居大厦。

（4）问对：君，你看见了什么呢？

3. 欣赏《蚕妇》插图，发现左右对比的画面布局特色。

4. 师生问读诗句，体会劳而无获的蚕者与不劳而获的罗绮者之间的鲜明对比。

（1）朗读："昨日入城市，归来泪满巾。"

（2）追问：蚕妇啊，你为何归来泪满巾啊？

（3）对读：遍身罗绮者——不是养蚕人。

（4）问对：君，你看见了什么呢？

5. 回忆《悯农》（其一），同桌自由问对：君，你看见了什么呢？

6. 小结回读"士当先天下之忧而忧，后天下之乐而乐"。自然追问：放眼现在，君，你又看见了什么？

［设计意图］ 儿童学习自有其心理逻辑，沿着这条逻辑线不断延展，可以达到"善学者，师逸而功倍"的效果。因此，本板块的设计延续想象对话"君，你看见了什么"，借助诗与画的联结、诗与诗的联结，发现"意蕴之深，诗境之妙"。

在群诗主题阅读中，这是一种简单而有效的"举三反一"的学习方法。三首不同的诗歌，在同一个核心问题引领下，从"师生问对"到"同桌自由问对"，慢慢发现相同的"忧乐"精神在闪耀！板块结尾处的回读与追问，把学生从过去的诗境拉到现实的生活之境，这才是真正的"求其意义"，让经典的诗歌绽放现实的光芒！

第四板块：回扣创读，传承忧乐

1. 激问填读：先（渔者、陶者、蚕者、农者、天下）之忧而忧，后（?）之乐而乐！

2. 谈话领读：这样的忧乐观，早在《孟子》中就有记载，指名朗读，再齐读。

> 乐以天下，忧以天下。
>
> ——《孟子·梁惠王章句下》

3. 集体创读：用自己的对"乐以天下，忧以天下"的理解创编诗句。

预设：

(1) 四海无闲田，农夫乐开颜。

(2) 遍身罗绮者，当是养蚕人。

(3) 陶尽门前土，鳞鳞居大厦。

(4) 江上往来人，但爱渔者美。

4. 哼唱《经典咏流传》中《岳阳楼记》片段；齐读"先天下之忧而忧，后天下之乐而乐"；追问"君，你看见了什么"！

[设计意图] 我们今天讲"文化自信"，是因为我们有值得自信的文化。唐宋诗人身上散发的"忧乐"思想，并非唐宋才有。这一种精神血脉源自儒家的"亲民""仁政"，这一种精神血脉演绎成今日的"民生""共富"。

在这个板块中，意在把儿童自己放进诗里去，不做一个指手画脚、品头论足的旁观者，而是通过集体创作型的朗读，做一个切身体验、感同身受的经历者。

诗好读，才是经典！课好学，将是经典！

附录1：

寻"意"而读：群诗主题教学策略浅说
——以李白《赠汪伦》等四首送别诗为例

内容摘要：古诗，怎么读？同一主题诗歌互为印证、互相阐释，在互文比照的过程中，寻"意"而读。从一首到一类的内容选择，从怎么教到怎么学的价值定位，观照的是语文学科核心素养的培育。本文以李白《赠汪伦》等四首送别诗为例，谈谈如何寻"意"而读，读诗见人：聚焦意象，见"眼中物"；体味意境，察"心中情"；感悟意蕴，品"境中人"，开展群诗主题教学。

关键词：意象；意境；意蕴；群诗主题教学；送别诗。

诗，怎么读？鲁迅先生在《且介亭杂文·序言》中指出："分类有益于揣摩文章。""类"，本义是指许多相同或相似的事物的综合；"分类"，则是按事物的性质划分类别。古代诗歌的分类，上自春秋时期《诗三百》的"风""雅""颂"，下至当代潘百齐先生编著的《全唐诗精华分类鉴赏集成》，不一而足。

诗，分类了以后怎么读？叶圣陶、朱自清两位大师在《略读指导举隅》和《精读指导举隅》中不约而同地主张"参读相关文章""参读有关文字"，并强调应作为"国文教学"的一个原则贯穿在教学指导中。叶老还说："必须多多比较，方能进一步领会优劣得失的所以然；在精读文章以外，再另读一些相类似的文章。"[1] 读诗亦如此。同一主题诗歌互为印证、互相阐释，在互文比照的过程中体验、感悟诗歌意象所承载的不同的或是相同的言语色彩、质感和情调，入诗境、品诗韵。

从一首到一类的内容选择，从怎么教到怎么学的价值定位，都是学生学科核心素养观照的智慧选择。下文以李白的四首送别诗为例，从诗歌意象、意境、意蕴三维入手，谈谈如何开展群诗主题教学。

一、聚焦意象：见"眼中物"

唐人爱写诗，也爱送诗。据《全唐诗》统计，唐代共有六千余首送别诗。[2] 在统编教材中，唐人送别诗也不在少数：有的以酒饯别，如王维在渭城送元二时，"劝君更尽一杯酒，西出阳关无故人"（《送元二使安西》）；有的惜才劝别，如高适在睢阳送一代琴师董庭兰时所言"莫愁前路无知己，天下谁人不识君"（《别董大》）；有的是明志勉别，如王昌龄在江宁送辛渐所托"洛阳亲友如相问，一片冰心在玉壶"（《芙蓉楼送辛渐》）。"诗仙"李白的送别诗就更多了，如一年级下册语文园地三有《赠汪伦》，五年级下册第四单元"日积月累"中有《黄鹤楼送孟浩然之广陵》，另外还有七年级上册的《闻王昌龄左迁龙标遥有此寄》，八年级下册的《送友人》等。当我们把这些送别诗放在一起，细细品读，这诗中的"情"，就不是一个"依依惜别"能够敷衍过去了。而这情谊的表达也需借物、托物，达到化无形为有形的艺术效果。这"物"，便是通常说的"意象"。

袁行霈先生在《中国古典诗歌的意象》一文中指出："物象是客观的，它不依赖人的存在而存在，也不因人的喜怒哀乐而发生变化。但是物象一旦进入诗人的构思，就带上了诗人主观的色彩。"袁先生分析了意象中的"象"是属于客观的、物质的，意象中的"意"是属于主观的、精神的。[3] 唐诗中常用的意象有长亭、杨柳、芳草、夕阳、美酒等。意象的构成，实乃直觉、思想和想象的创造力三者的结合。[4] 在上述李白的送别诗中，诗仙用到了哪些意象呢？

1. 有物之象与无物之象

有物之象指的是自然景物之象。如一首《赠汪伦》："李白乘舟将欲行，忽闻岸上踏歌声。桃花潭水深千尺，不及汪伦送我情。"诗歌前两句叙事，后两句抒情；前两句信口而吟，简洁明了，后两句脱口而出，言浅情深。阅读全诗时，学生很自然就捕捉到"桃花潭"这个有物之象。千百年来有多少诗人以"桃花"入诗：《诗经》里有"桃之夭夭，灼灼其华"；学生信手拈来的有"人间四月芳菲尽，山寺桃花始盛开"（白居易《大林寺桃花》），"竹外桃花三两枝，春江水暖鸭先知"（苏轼《惠崇春江晚景》），"西塞山前白鹭飞，桃花流水鳜鱼肥"（张志和《渔歌子》）。就李白写"桃花"来说，学生若从网络搜索，也能轻而易举找到20余条名句，其中有，《山中问答》中的"桃花流水窅然去，别有天地非人间"，《古风》中的"一往桃花源，千春隔流水"等。"桃花"意象源远流长，对这一意象的认识是对中华文化的传承。

《赠汪伦》诗中还有一个无物之象常被忽略，那就是"踏歌"。踏歌，是一种古老的舞蹈形式，源自民间，兴起于两千多年前的汉代，风靡盛行于唐代。唐代诗人储光羲《蔷薇》中有诗句云："连袂蹋歌从此去，风吹香去逐人归。"顾况的《听山鹧鸪》则说："夜宿桃花村，踏歌接天晓。"还有诗豪刘禹锡不但在《竹枝词》中写道"杨柳青青江水平，闻郎江上踏歌声"，更是以"踏歌"入题，一首《踏歌词》开篇即写："春江月出大堤平，堤上女郎连袂行。"诗中"踏歌"二字与"忽闻"照应，此时，李白闻声回首，忽见汪伦边走边唱，手舞足蹈，心中惊喜不言而喻。从这个角度理解"踏歌"，何尝不是对传统文化的解读呢？

2. 象之个体与象之群体

诗歌中很少以个体之象独步，往往是同一类的意象结群纵横，称之为"意象群"。李白的《送友人》："青山横北郭，白水绕东城。此地一为别，孤蓬万里征。浮云游子意，落日故人情。挥手自兹去，萧萧班马鸣。"诗中八个个体意象组成了令人断肠离离的意象群。相比于《黄鹤楼送孟浩然之广陵》"故人西辞黄鹤楼，烟花三月下扬州。孤帆远影碧空尽，唯见长江天际流"中，一个"黄鹤楼"，就是一个离别场；《送友人》里用"青山""白水""北郭""东城"一组意象群，构成了一个立体空间，道出了离别总在城外，随后"孤蓬""浮云""落日""班马"，一个一个视觉意象呈现在送别的画面中，"浮云""落日"是送别诗中常见的意象，"孤蓬""班马"学生若是不知其意，就要闹笑话了：

生：孤蓬，是孤单的帐篷吗？

生：不对。孤蓬是孤孤单单的一只乌篷船。

师：哈哈，都猜错了。蓬，是草本植物，草字头；篷，是竹制遮蔽风雨和阳光的物品，竹字头。蓬草，枯后根断，常随风飞旋，用来比喻飘泊无定的孤客。

生：那班马一定不是班师回朝的马，对吧？

生：也不是有斑纹的马。

师：真聪明！班马在这里是离群的马。

从字义字理出发，读懂词语，建构起诗歌语言的表征系统，更有利于学生走进意象，走进诗人。此诗除了这两组意象群外，还有一个无物之象值得关注——挥手。这是一个很寻常的动作，但它是整个画面的主景所在，也是这两组意象群的精神之核。直至现在，我们依然用"挥手"来表达告别。

3. 象之原型与象之特型

加拿大批评家弗莱认为原型就是"典型的反复出现的意象"。[5] 瑞士心理学家荣格认为原型是集体无意识的内容。用他的话说"每一个原始意象中都有着人类精神和人类命运的一块碎片，都有着在我们祖先的历史中重复了无数次的欢乐和悲哀的残余，并且总的说来始终遵循同样的路线。它就像心理中的一道深深开凿过的河床，生命之流在这条河床中突然奔涌成一条大江，而不是像先前那样在宽阔然而清浅的溪流中漫淌"。如之前见到的"桃花""落日""浮云"都是常见的原型意象，就是那生命之流奔涌而成的诗意之江。

又如《闻王昌龄左迁龙标遥有此寄》一诗前两句："杨花落尽子规啼，闻道龙标过五溪。"诗中意象有漂泊无定的"杨花"，有"不如归去"的"子规"，还有见证迁谪之荒远、道路之艰难的"五溪"，但这些都不及一轮写满忧愁的明月："我寄愁心与明月，随君直到夜郎西"。李白爱月世人皆知，经过对全唐诗的搜索统计，李白写诗1000余篇，其中出现"月"意象的就有340余篇。这其中有"圆月""弯月""半月"，也有"明月""朗月""皎月""皓月"；这其中有"山月""海月""云月""花月""沙月""湖月"，也有"天门月""金陵月""竹溪月""西楼月""三江月"；有时他爱问月、望月、揽月、醉月、乘月、寄月，甚至有时还会去赊月。

这些月既有月之共性，也有月之个性。读这些月，是对月的审美认识的再认识，从一轮明月，启动忧愁、寄托相思、返归家园，这便是我们华夏儿女心中的"月"。相对于"原型意象"，意象也有"反其道而行之"的特殊时刻，姑且称之为"特型之象"。比如"秋"，就是"愁""悲"的代名词，但刘禹锡说"自古逢秋悲寂寥，我言秋日胜春朝"。由此，我们看到了刘禹锡豪放、洒脱的性格。在这里"月"之特型也被这样的思维点亮了——月不是月，是一个传递情意的人。在李白的这四首送别诗中，最具象之特型感的还要数《黄鹤楼送孟浩然之广陵》中的"孤帆"了。至于为何？且看下文。

二、体味意境：察"心中情"

诗有三境是唐王昌龄提出的美学观点。他在《诗格》中说"诗有三境：一曰物境。欲为山水诗，则张泉石云峰之境，极丽绝秀者，神之于心，处身于境，视境于心，莹然掌中，然后用思，了然境象，故得形似。二曰情境。娱乐愁怨，皆张于意而处于身，然后用思，深得其情。三曰意境。亦张之于意而思之于心，则得其真矣。"

1. 形与神的统一：入其境

《赠汪伦》中的"桃花潭"一来印证了一个唐诗故事、一段友情佳话："先生好游乎？此处有十里桃花。先生好饮乎？此处有万家酒店。"二来以"桃花之火红热烈，潭水之清澈澄净"比喻友情，给人以一种特别美好的、温暖的感觉。如果换作《闻王昌龄左迁龙标遥有此寄》中的"杨花"行吗？或者换作"杏花""梨花"呢？又或者是"梅花"呢？显然都是不行吧！

诗中的"踏歌"更是妙不可言，其"妙"有三：第一，首句直呼自己的姓名——李白，直率、洒脱。第二，"忽闻"二字与"将欲"照应，人未到声先闻的妙境自成。两位友人一个不辞而别，一个不期而至。这样的送别，不拘俗礼、自在了然。第三，"踏歌"二字与"忽闻"照应，以踏歌之舞表达相送者"达欢"的心境。[6] 所谓"丰年人乐业，陇上踏歌行"，南宋画家马远一幅山水人物画《踏歌图》也表达了如此意境。全诗无论是象之色、象之形、象之神，皆与诗人心中喜悦相得益彰，这是意境之形神统一。

2. 情与理的统一：晓其情

读《送友人》，体味诗人心中百感交集：浮云，是你飘忽不定的心情；落日，是我恋恋不舍的注视。送了一程又一程，终将要分手了，挥手的刹那：一个人望着另一个人，默默无语；一匹马望着另一匹马，嘶嘶长鸣。你听听，那嘶嘶马鸣声，似乎在说些什么呢？这样的意境里，虽未见"送别"二字，其笔端却分明饱含着友人离别时的惆怅与哀伤，这是意境之情与理的统一。

读《闻王昌龄左迁龙标遥有此寄》，诗中不着悲愁之语，而悲愁之情自见。"杨花落尽子规啼"，诗人取"杨花"之漂泊无定，取"子规"之不如归去，渲染凄凉哀愁之境。"闻道龙标过五溪"，紧接着，诗人又以"过五溪"，把意境推向荒远、推向寂寥。于是，寄给明月的"愁心"，其"愁"情远，其"愁"情长！潘稼堂云："前半言时方春尽，已可愁矣；况地又极远，愈可愁矣。结句承次句，心寄与月，月又随风，幻甚。"怎一个愁字了得！

3. 虚与实的统一：得其真

李白在《黄鹤楼送孟浩然之广陵》中以江上"孤帆"造境，恍似错话一般。烟花三月，江面上会有多少船只往来穿行呢？该是"八月长江万里晴，千帆一道带风轻"（崔季卿《晴江秋望》）才是啊！那为何说是"孤帆"呢？答案只有一个，套用一句歌词，那叫"我的眼里只有你"。或者用温庭筠的诗句来说，那是"过尽千帆皆不是，斜晖脉脉水悠悠"（温庭筠《望江南·梳洗罢》）。于是，除了离别时的恋恋不舍，更多的是李白的羡慕、神往，这些都在这看似不合常理却最具情理的"孤帆远影碧空尽"中，如"烟花"绽放。此时的"孤帆"还孤吗？在学生认知的冲突中，慢慢发现"孤帆尽"的破绽，又慢慢还原"孤帆尽"的缝隙，见到诗歌"象之特型"的奇妙。

《送友人》以"寄明月"造境，有如笑话一般。这明月何时成了"驿使"？其实，这才是诗仙的仙妙所在。常喜把酒问月的诗仙自己说："今人不见古时月，今月曾经照古人。古人今人若流水，共看明月皆如此。"月，是明镜，分照两地。有"吴中四士"之称的张若虚也说："此时相望不相闻，愿逐月华流照君。"（《春江花月夜》）月，是流影，千里可共。

《文心雕龙》："岁有其物，物有其容；情以物迁，辞以情发。"[7] 何来"错话""笑话"一说呢？只是意境的虚实相融，营造了超越现实之真的唯美意境罢了！

三、感悟意蕴：品"境中人"

无论是"象外之象"，还是境外之境，诗歌艺术的最终指向于"人"，是人的"诗意地栖居"。读诗的时候我们透过一个一个意象，于音声之外，进入一个融彻的意境，然后才得诗之真味，见真之诗人。

1. 象与人的合一：沉入词语读写互动

让学生"沉入词语"（南帆先生语），如切如磋，如琢如磨，感受意象背后的韵味，感受诗句表达的特色。看，那久久挥动的双手；听，那马儿的嘶嘶长鸣，在潜心涵泳之后，"孤蓬"万里、"班马"嘶鸣、"挥手"自去，学生从这样的"象"里看见诗之意蕴，感受与诗、与诗人的心意相通，体会象与人的合一的境界。

2. 境与人的合一：知人论世场景还原

面对黄鹤楼，李白曾说"眼前有景道不得，崔颢题诗在上头"。之所以"有景道不得"，当然不是因为"崔颢题诗在上头"，只因身未临其境、心未与神会。

在李白的心上，孟浩然的位置可非同一般啊！"吾爱孟夫子，风流天下闻"（李白《赠孟浩然》），就直白地道出了他对孟浩然的钦慕之情；该诗尾联他这样说："高山安可仰，徒此揖清芬"，诗人借"高山仰止"一典直接抒情，把长他12岁孟浩然的高雅品性比为巍峨峻拔的高山，令人仰止，同时也透露出此次专程去襄阳拜访孟浩然不得而见的遗憾之情。当李白得知孟浩然要去广陵（今江苏扬州），便托人带信，约孟浩然在江夏（今湖北武汉）相见。所以，当诗人在"天下江山第一楼"——黄鹤楼，送别自己崇敬的诗界名士——孟浩然，去游历江左名城——扬州，此"三名"兼备之时，也是境界大开之时，情动辞发，有景入诗来。

3. 诗与人的合一：穿越时空灵魂相认

王崧舟老师说："阅读，不过是以文本为镜，照见一个新的自己。你敞亮，文本才会对你敞亮；你敏感，文字才会对你敏感。"当我们带着这样一份"敞亮"和"敏感"，重读、细读李白的送别诗，就会发现：别，是一番滋味在心头。这滋味有"闻踏歌"之"喜"，有"孤帆尽"之"念"，有"挥手去"之"哀"，也有

"寄明月"之"愁"。当李白在扬州惊闻王昌龄被贬龙标,他无法把酒相送,这份情该寄予谁知呢?

生:明月知道李白心中愁苦,明月就是李白,他一直目送着王昌龄,随他一同赴夜郎。

生:王昌龄知道李白会想着他,会同情他的遭遇。他抬头望着明月的时候,他的眼前似乎就出现了一个一个好友的笑容,这里面有一个叫李白。

读诗见人,知人读诗,诗与人之间有一物——象外之象。这一物,因为诗,因为人,蕴藏着巨大的人格力量、优美的诗性光辉和深刻的哲理精神,完成了自然客体向人格意志的转变,进入一个新的境界:诗如"我"、"我"如诗的合一。这也是诗歌意蕴的"三昧"所在。

如此读诗,"送别"多了一份别样的诗意存在,它不再是"依依不舍"的代名词,它拥有自己的灵魂与血脉。如此读诗,就是和灵魂相认、和血脉相融。于是,群诗主题阅读的课程价值被照亮,被发现。

参考文献:

[1] 叶圣陶. 叶圣陶语文教育论集 [M]. 北京:教育科学出版社,1980.

[2] 孙雨晴. 海内存知己,天涯若比邻 [N]. 中国教师报,2017-6-28 (16).

[3] 程郁缀. 唐诗宋词 [M]. 北京:北京大学出版社,2012.

[4] 邵盈午. 诗品解说 [M]. 北京:中央编译出版社,2015.

[5] 戴达奎. 现代诗欣赏与创作 [M]. 上海:上海大学出版社,2010.

[6] 祝贵耀. 别,是一番滋味在心头 [J]. 小学语文教师,2019 (C1):62-65.

[7] 刘勰. 文心雕龙 [M]. 上海:上海古籍出版社,2015.

附录2：

群诗主题阅读教学内容"三取"与"三不取"

——以统编教材五年级下册《古诗三首》为例

内容摘要： 群诗主题阅读教学在教学内容的选取时，通常会关注古诗内容之间的关联性，从不同的角度选择互文参读的诗歌，比如从作者视角、体裁角度、意象维度等。虽然这样的选取角度看似足够丰富，但笔者认为还应做到"三取"与"三不取"。本文以统编教材五年级下册《古诗三首》为例，谈谈如何做到"取专不取杂，融合一个'共生点'；取易不取难，融入一条'衍生线'；取学不取教，融通一个'互生面'"，更好地丰厚学生人文素养，传承古诗经典文化。

关键词： 取专不取杂；取易不取难；取学不取教；群诗主题教学。

统编教材不但增加了优秀古诗文的篇目，而且加强了古诗文编排的整体观照——有融合单元人文主题的，也有贴近单元语文要素的。这些变化无不提醒着教者要突破古诗教学的固有思维，探索古诗教学新法，让古诗不古，时读时新。

群诗主题阅读是新法之一，即围绕一个内在主题，以一首带多首，以一首引一类，养成同一主题诗歌互为印证、互相阐释的阅读习惯，并在互文比照的过程中，入诗境、品诗韵，"进一步领会优劣得失的所以然"[1]。

王荣生教授说："教什么远比怎么教更重要。"[2] 那么，群诗主题阅读教学"教什么"呢？就教学内容的选取，通常会关注古诗内容之间的关联性，从不同的角度选择诗歌。比如从作者视角选取，可选取同一作者的诗；又如从体裁角度选取，可从绝句、律诗等不同体裁筛选；还可以从意象维度选取，将相同意象的诗词重组在一起。虽然这样的选取角度足够丰富多彩，但笔者认为还应做到"三取"与"三不取"。本文以统编教材五年级下册第一单元《古诗三首》（《四时田园杂兴》《稚子弄冰》《村晚》）为例，谈谈在群诗主题阅读教学中如何选取适宜的学习内容，提升学生古诗词阅读素养。

一、取专不取杂，融合一个"共生点"

"专"与"杂"看起来是相对的，其实是相辅相成的。从"博观而约取"的学习观出发，教学内容的选取是否首先应该偏向"杂"。但曾国藩说："心有所专宗，而博观他途以扩其识，亦无不可。无所专宗，而见异思迁，此眩彼夺，则大不可。"可见，"博观"的前提是"专"。故群诗主题阅读教学内容取专不取杂：心有所专，博观杂览。这里的"专"，强调融合单元语文要素的关键点，达到诗歌教学与语文要素发展的共生。

统编教材五年级下册第一单元的语文要素是"体会课文表达的思想感情"，这里的"课文"除了单元编排的《祖父的园子》《月是故乡明》《梅花魂》，自然也包含了三首宋诗。虽然说"宋诗重理趣"，但依然表现着诗人的情感。因为，中国历代论诗者有一个共同的信条："诗歌是表现情感的。"[3]《虞书》上说："诗言志，歌永言。"那么，从这三首宋诗中学生将体会到怎样的思想感情呢？以《四时田园杂兴》（其三十一）为例，这首诗描绘了田园劳作的场景，表达了诗人对辛劳的农民的赞美。如果以此为主题，可选取本册第七单元"日积月累"中宋代诗人翁卷的《乡村四月》作互文比对，一句"乡村四月闲人少，才了蚕桑又插田"极好地印证了范成大笔下的"昼出耘田夜绩麻"；而"童孙未解供耕织，也傍桑阴学种瓜"一句又暗合了"闲人少"一词，田园劳作的忙碌跃然纸上。

再选四年级下册第一单元《四时田园杂兴》（其二十五），以"日长篱落无人过"质疑——这田园中的人都去哪儿了呢，则可诵读全诗。如此，两首诗一事一景，相得益彰、相映成趣。另外，可再从范成大的60首田园诗中选取与儿童相关的诗篇。当你细细捧读这 60 首田园诗,哪怕只是浏览,也能读见"山童""儿孙""小童""童子"这样鲜活的词,这样鲜活的生命。这些小童他们都在做什么呢?[4] 有的在"斗草","社下烧钱鼓似雷,日斜扶得醉翁回。青枝满地花狼藉,知是儿孙斗草来"(其五);有的"放燕飞","雨后山家起较迟,天窗晓色半熹微。老翁欹枕听莺啭,童子开门放燕飞"(其二十三);有的在"编阑","乌乌投林过客稀,前山烟暝到柴扉。小童一棹舟如叶,独自编阑鸭阵归"(其二十四);有的忙"解围","静看檐蛛结网低,无端妨碍小虫飞。蜻蜓倒挂蜂儿窘,催唤山童为解围"(其四十)……可以说,无"童孙"不"田园"。

乌申斯基说:"比较是一切理解和思维的基础,我们正是通过比较了解世界上的一切。"而对于情感的比较,学生更有直接感知心理体验。因此,围绕诗歌表达的思想感情这一教学内容选取的融合共生点,可以创造性地使用教材,获得初步的诗歌阅读的情感体验。

二、取易不取难,融入一条"衍生线"

《新华字典》中"易"的第一个义项是"不费力,与'难'相对"。我们通常所说的"容易"便是这个意思。但是本文所指之"易",除此之外,更有"交换""替代"的意思,即围绕单元人文主题这一主线,寻找易于交换、易于替代的诗词,作为课堂学习的衍生。

统编教材五年级下册第一单元的人文主题引用了著名儿童文学作家冰心奶奶的一句话:"每一个人都有他自己的童年往事,快乐也好,辛酸也好,对于他都是心动神移的最深刻的记忆。"单元中的三首宋诗描写的都是童年的快乐往事(选编的《梅花魂》一课流露着淡淡的辛酸),紧扣了单元人文主题,可见编者选文之匠心。再品品三首诗,定会发现快乐的记忆却各不相同:范成大笔下的童孙,是学农之乐;杨万里笔下的稚子,是儿戏之乐;雷震笔下的牧童,则是自在之乐。若以此"心动神移的最深刻的记忆"的细微差异为主线,可觅哪些诗篇构筑起一个"古诗词里的童年·最深刻的记忆"的大单元学习的课程资源库呢?

首先,取易不取难,这"易",是熟悉的。学生在五年级以前阅读积淀的"儿童"类诗词还真不少,仅统编教材内就有 8 首。比如贾岛的《寻隐者不遇》里,有答问的童子；胡令能的《小儿垂钓》里，有学垂纶的稚子；高鼎的《村居》中，有放纸鸢的儿童，还有挑促织的儿童、指路的牧童、偷采白莲的小娃、捕鸣蝉的牧童、追黄蝶的儿童等。这些都是最熟悉的陌生人，等待在课堂上被唤醒。

其次，取易不取难，这"易"，可迁移的。这里的迁移除了主题相似迁移，还有诗歌意象的迁移。同样是描写儿童的诗歌，山童、小童、小娃、稚子、牧童、童子……看着似乎只是称谓的不同，但其内在却有着差之毫厘、谬以千里的表达效果。比如"牧童"，他最早出现在《庄子·杂篇》中，是庄子借以表达其哲学思想的一个特殊的、虚拟的形象。入唐人诗中，牧童是诗人追忆快乐童年和憧憬美好未来的寄托，是诗人"无是非之心，无名利之念"的理想境界与精神归宿。

读雷震的《村晚》，什么才是最适宜的取呢？一是看闲在自得的牧童。如杨万里的《桑茶坑道中》，雨后晴天，堤岸柳阴，童子睡梦正酣；那头牛也只管埋头吃草，边吃边走，越走越远，直吃到柳林西面，惬意无限。二是看闲趣自乐的牧童。如袁枚的《所见》，那个牧童骑在牛背上，放歌山林，忽闻树梢有鸣蝉，立时就住了口，立在牛背上，翘首张望，想要捕那欢蝉，其乐融融。三是看闲适自真的牧童。如吕岩的《牧童》，他日出而出，日落而归，归来饱饭，连蓑衣都不脱，就以草为铺，卧看一轮明月高挂，本真使然。牧童，再加上短笛、老牛、柳林、草地，完美地组成了清新悠闲的"童年记忆"。庄子说"以无厚入有间，恢恢乎其于游刃必有余地矣"[5]。内心若有真自由，人间何处不悠然？

再者，取易不取难，这"易"，有共鸣的。诗歌阅读比一般文学作品更强调情感的共鸣。南宋杨万里是浩渺诗海中唯一一位真正具有儿童情怀的诗人，他是流传至今的儿童题材诗歌最多的一个诗人，大概有30多首；他是真正做到以欣赏、尊重眼光描写儿童生活，把儿童当作独立的个体生命描摹的古代诗人；他开创的"诚斋体"，其核心就是童心童趣，他把自己也完完整整地融入儿童生活世界里。读他的《稚子弄冰》，就要读出这一份心动神移的童年记忆与情怀。在杨万里的笔下有午休之后，"日长睡起无情思，闲看儿童捉柳花"（《闲居初夏午睡起》）的闲态；有晨起散步，看"儿童急走追黄蝶，飞入菜花无处寻"（《宿新市徐公店》）的萌态；有桑茶道中，看"童子柳阴眠正着，一牛吃过柳阴西"（《桑茶坑道中》）的憨态；还有舟过安仁时,看"一叶渔船两小童,收篙停棹坐船中"的怪态。一个个充满稚态的儿童,点化了童年的诗境,将这些诗与《稚子弄冰》互文联读,那一份奇思妙想相得益彰、跃然纸上。诗中的稚子非但不"稚",反而极"智"。读杨万里的童趣诗,与题材所见的风趣,共鸣;与语言所含的生趣,共鸣;与构思所藏的奇趣,共鸣;更与诗人常怀的一颗童心,共鸣!

三、取学不取教,融通一个"互生面"

取学,就是指课堂教学内容选取应该体现以"学"为中心,体现教学内容的"聚合"。不取教,就是不以"教"为中心,不是为了彰显教师的文化素养,而选取一些脱离客观学情的诗歌。而这里的"互生面",指的是语文学科核心素养的互融互通共生。这样的取是从客体到主体的视角转换,是课堂教学的中心站着的是学生的主旨体现。

在教学内容的选取时,以学生通过诗歌语言实践获得积极的语言积累、语言建构,并在真实的语境中得以运用表现为基点,同时融通思维品质、审美情趣和文化观念。如杨万里的《稚子弄冰》一诗,诗曰:

> 稚子金盆脱晓冰,彩丝穿取当银钲。
>
> 敲成玉磬穿林响,忽作玻璃碎地声。

先写脱冰。一个"晓"字,暗暗告诉学生,诗中的小孩早就盼着鸡叫天明,完全无惧滴水成冰的寒气,甚至可以大胆猜想这盆中的水也是小孩子睡前特意倒下去的。于是,引导学生看见这样一幕:天刚亮,一个小孩穿着厚厚的棉袄,衣角随风飘动,他跑到室外,伸出白嫩的小手,小心翼翼地沿着盆的边缘把冰和盆分离,取出盆中的冰块。那冰圆润剔透,极其美观,极其诱人。

其次穿线。聪明的孩子有聪明的玩法。这一块冰,那玩法是多种多样,可以当冰片,在湖面上打水漂;可以当冰鞋,踩在上面,那就是一个武林高手——草上飞;还可以当冰球,追逐打闹,好不快活。不过,这一次,这个小孩在冰上"钻"了孔,穿上五色彩绳把它当银钲。虽然诗人没有写小孩如何在冰上钻孔穿线,但我们的孩子如此聪明,一定也有许多穿线的奇思妙想。笔者记得儿时是用一根麦管吹气,用嘴中呼出的热气在冰上融出一个圆圆的小孔,遇上冰块稍稍厚一点的时候,那也是要"脸红脖子粗"的。

　　再是敲冰。提着自己亲手做的冰钲,那定是一路心花怒放。那银晃晃的冰钲在五彩丝线的映衬下亮得更加晃眼。再拿小竹棒或是一根竹筷,轻轻一敲,那声音竟像击打玉磬般响亮而动听。美妙的乐曲飘出小院,穿过树林,打破了冬晨的宁静。透过一个"敲"字,学生可以想见一个满脸洋溢着得意笑容的小孩子,他为自己的聪明才智而得意洋洋。

　　最后碎地。你听,那敲锣儿的声音越来越紧、越来越响……你刚想喊一声——小鬼,当心碎了!忽听,"啪啦"一声,冰钲迸碎落地,发出像敲碎玻璃(诗中的玻璃,并不是现在我们所说的"玻璃",而是指一种天然玉石,也叫水玉)一样的声响。诗写到这"碎地声"就戛然而止了,也不知这诗中的孩子是会大哭一场呢,还是会咯咯地笑起来。这就全凭学生自己去想象吧!我只记得自己小时候先是被这碎地声震住了,然后拿这敲碎的银钲变成了新的玩具,直到两手空空,才心满意足而归。

　　稚子弄冰的这一"弄",弄出了稚子思维的创新性,弄出了审美的自然性,也弄出了文化的传承性。有异曲同工之妙的当数他的另一首小诗《舟过安仁》,曾编录在原人教版五年级下册中。全诗通过对两小童的"无雨张伞"的怪异行为的捕捉,表现了两小童奇特又富有奇趣的想象力。诗的一、二两句,先写渔船小童。渔船是"一叶","小童"有两个,这样的景象在水乡是司空见惯,本不足以引起诗人的注意。再是收篙停棹,无雨张伞。只见舟上小童闲坐着,也不撑篙,也不划桨。其实,如果仅此,也并无所奇。还记得那个放牛的小牧童吗,他不也任凭牛儿独个儿吃草,自己酣睡正香。这两小童大概也是任凭小舟随波逐流,这才"收篙停棹坐船中"的吧!还没等诗人想明白呢,只见两小童笑嘻嘻地张开大大的竹伞。这又是要干吗呀?这大晴天的,莫非是为了遮挡强烈的阳光吗?瞧瞧那"紫色的圆脸",看着也不像啊?诗人心中的疑团是一个接着一个。但这些疑问诗人一概没写,都藏在诗句背后,给学生留出了足够的想象空间。

　　诗的三、四两句,直接答疑解惑——怪生无雨都张伞,不是遮头是使风。原来,他俩"张伞",是因为"使风"。诗人采用因果倒装的表达结构,强调了

"因"。这样的写法倒不算什么新奇，如苏轼在《题西林壁》中这样写："不识庐山真面目，只缘身在此山中。"又如王安石在《梅花》中这样写："遥知不是雪，为有暗香来。"诗人章法的巧妙在于将"无雨张伞"这一所见嵌在答句之中，又以"怪生"二字，表现了其了解原因后的恍然大悟与哑然失笑，以及对两个童子撑伞行为背后的奇思妙想的啧啧赞赏。此时，再回读小诗开篇的"一叶"二字，自会了解诗人匠心独运——"一叶"原来也是为"使风"做铺垫呢！

梅尧臣说："含不尽之意，见于言外。"两相对照，从诗歌语言通道进入，发现两首诗中的一个个动作：如《稚子弄冰》里的"脱""穿""敲"等，《舟过安仁》中的"收""坐""张"等，再由这些简单的动作语言，展开想象、经历还原，让诗中的儿童立起来、活起来，让诗外的儿童和诗中的儿童对话，形成创新思维的碰撞、自然之美的交流、传统文化的传承。而这一切都是为了遵循儿童认知规律，遵循学科内在逻辑，为达到群诗阅读的最佳效果奠基。

古语说："弱水三千，我只取一瓢饮。"叶圣陶先生说："教材无非是个例子""教是为了达到不需要教"。取学不取教、取易不取难、取专不取杂，今日之所取，也全是为了未来之"不取"。在学生未来诗歌阅读中可以真正自然地达到王国维先生所说的"语语都在目前"的至美境界。

参考文献：

[1] 叶圣陶. 叶圣陶语文教育论集 [M]. 北京：教育科学出版社，1980.

[2] 王荣生. 听王荣生教授评课 [M]. 上海：华东师范大学出版社，2007.

[3] 朱光潜. 诗论 [M]. 北京：北京出版社，2016.

[4] 祝贵耀. 山野田园寻童去——《四时田园杂兴》群诗主题教学解读和预设 [J]. 教学月刊（小学版·语文），2017（10）：21-23.

[5] 陈引驰. 庄子讲义 [M]. 北京：中华书局，2021.

附录3：

基于语文要素突破的群诗主题阅读策略谈

——以统编教材五年级下册第四单元《古诗三首》为例

内容摘要：基于语文要素突破的群诗主题阅读，力求以单元语文要素为核，从要素的"发现—感悟—习得"的过程中组织教学，改变以往诗歌教学中语文要素可有可无的怪状，让语文要素在诗歌学习活动中自然落地，自在生长。本文以统编教材五年级下册第四单元《古诗三首》为例，谈谈如何以要素实践化为目标推行群诗主题阅读的"三读三比"策略。

关键词：单首品读；分类比读；语文要素；群诗主题阅读；古诗三首。

统编教材以"人文主题"和"语文要素"双线架构的方式组织单元内容，同时又注重单元内外的衔接与发展，形成一个比较完备的、可操作的语文素养训练与培养的序列。把"教材"变为"学材"，让教材的"例子"作用发挥到最优化，就要让要素真正地被确认、被激活。而在以往的诗歌教学中"语文要素"常常可有可无，究其原因：一方面是"语文要素"与"诗歌教学"之间的关联远不如其与"人文主题"来得紧密，教师会更自然地关注其与"人文主题"的统整；另一方面，在一般认识中"语文要素"的渗透与落实之责应在传统的阅读教学，诗歌教学更偏向于渗透语言积累、传承优秀传统文化。

但从笔者近年的实践研究来看，诗歌教学也完全可以与"语文要素"之间建立起柔性联结，将隐性的关联显性化，形成立要素、守要素、得要素的单元统整意识，从要素的"发现—感悟—习得"的过程中组织群诗主题阅读教学，让语文要素在诗歌学习活动中实现质的突破。

比如，统编教材五年级下册第四单元《古诗三首》（《从军行》《秋夜将晓出篱门迎凉有感》《闻官军收河南河北》），这个单元的语文要素之一是"通过课文中的动作、语言、神态的描写，体会人物的内心"。那么，如何才能让这个看似风马牛不相及的"语文要素"在群诗主题阅读的过程中更自然地落地，更自在地生长？

一、由单首"图式理读"走向"首—首"的关联比读

1. 单首"图式理读"

《闻官军收河南河北》被称为杜甫"生平第一快诗"，全诗处处渗透着"喜"字，且是一种发了狂的喜。"喜"从何来？诗的第一句给出了答案："剑外忽传收蓟北"。"喜"作何样？诗的字里行间都能捕捉诗人喜不自胜、欣喜若狂的样子。以"喜"为核心，可以画一张含神态、动作、语言的人像图。图上有"涕泪满衣裳"和"愁何在"的初喜，看见诗人神态；图上有"漫卷诗书"和"放歌""纵酒"的狂喜，看见诗人动作；图上有"青春作伴好还乡"的道喜，看见诗人的语言。通过这些扑面而来的描写，学生可以体会作者无限喜悦、兴奋的内心。这是第一张"喜图"，可以将此编制成一张思维导图，填填读读，读读想想。

第二张图是一张行程图——"即从巴峡穿巫峡，便下襄阳向洛阳"。品读时，打开地图，逐一定位，再量一量，算一算，即使以现在的中国高铁速度，可否"即""穿"，"便""向"？那么，你能体会杜甫的"时光任意门"里藏着的秘密吗？两张图，一张显性，把内心"喜悦"都写在脸上；一张隐性，把内心"喜悦"都藏在行程里。

2. "首—首"关联比读

在群诗主题阅读中，从一首到一首的关联比读，有许多内容选取的角度，比如诗人的角度。本单元的三位诗人王昌龄、陆游、杜甫，都是诗坛大咖，三人共入选

统编教材 11 首诗（如下表），约占教材古诗篇目的 1/10。从这些诗里如何选取关联比读的诗篇呢？

诗人	入选教材数量	具体篇目
杜甫	5	《绝句》（一）、《绝句》（二）、《闻官军收河南河北》《江畔独步寻花》《春夜喜雨》
王昌龄	4	《采莲曲》《出塞》《芙蓉楼送辛渐》《从军行》
陆游	2	《示儿》《秋夜将晓出篱门迎凉有感》

读《从军行》时，可以选取《出塞》《芙蓉楼送辛渐》；读《秋夜将晓出篱门迎凉有感》，自然就选取《示儿》；读《闻官军收河南河北》，就选《春夜喜雨》。《从军行》和《秋夜将晓出篱门迎凉有感》的诗与诗的比读，一看就懂，自不需多说。杜甫的《闻官军收河南河北》为何可以选《春夜喜雨》呢？读读下面的教学片段，大概就一目了然了。

师：这一首《闻官军收河南河北》作于公元 763 年的春天，那年杜甫 52 岁了。两年前的春天，也在成都的这个草堂，他听一场春雨，写下一首《春夜喜雨》。

（生齐读）

师：（指着诗题上的"喜"字）诗人因何而"喜"呢？请学习小组带着这个任务展开阅读与讨论。

（生小组学习讨论）

师：（巡视指导）如果你们小组只找到一个"喜"的理由，那才刚刚合格哦。

（生继续开展小组学习讨论）

随后是小组学习成果的交流与碰撞，学生发现与体验的"喜"，主要是"知时节""润无声"，还有"花重锦官城"。这时，教师追问：联系两年后诗人闻官军收河南河北，长达 8 年的安史之乱即将平定，诗人听春雨润万物，他内心之喜又是什么呢？

生：他的喜是因为春回大地，他盼春之暖可以给老百姓带去希望。

生：他的喜是因为看见了锦官城繁花似锦，也期盼新的一年大唐能够也如锦官城这般美。

师：闻春雨之"喜"，是一种期盼，一种希望；闻收蓟北之"喜"，是一种奔赴，一种共享。如果给诗题《闻官军收河南河北》加一个字，你会怎么加呢？

整个环节，紧扣"体会人物内心"这一语文要素，实现诗歌教学与语文要素发展的共生。

二、由单首"演式对读"走向"首—类"的迁移比读

1. 单首"演式对读"

陆游写《秋夜将晓出篱门迎凉有感》时，他已退休在山阴（今浙江绍兴），看宋光宗赵惇只知压榨百姓，并无一丝一毫抗金复国之意，心中百感交集。诗的前两句怀念北方沦陷区雄伟壮丽的河山，后两句写出沦陷区人民盼望南宋军队收复失地的心愿。

品读"遗民泪尽胡尘里，南望王师又一年"时，抓住遗民"泪尽胡尘""南望王师"的神态与动作，通过情境的创设，请学生扮演"遗民"这一角色展开师生对读：

师（陆游）：昏庸的统治者逃跑了，把你们遗弃在这儿，我看见你们泪流满面，你们的心里在想什么呢？

生（遗民）：＿＿＿＿＿＿＿＿＿＿＿＿＿＿＿＿＿＿＿＿＿＿

师（陆游）：唉！遗民泪尽胡尘里——

生（遗民）：南望王师又一年！

师（陆游）：一年又一年，你们流着眼泪，翘首南望，可曾见过南宋朝廷派来的军队啊？

生（遗民）：＿＿＿＿＿＿＿＿＿＿＿＿＿＿＿＿＿＿＿＿＿＿

师（陆游）：唉！遗民泪尽胡尘里——

生（遗民）：南望王师又一年！

师（陆游）：一年一年又一年，任凭金人铁蹄蹂躏，任凭你们泪尽胡尘，王师依旧杳无音信，你们的心里在想什么呢？

生（遗民）：＿＿＿＿＿＿＿＿＿＿＿＿＿＿＿＿＿＿＿＿＿＿

师（陆游）：唉！遗民泪尽胡尘里——

生（遗民）：南望王师又一年！

这是怎样的"泪"呀？起先可能是担心、害怕，然后可能就是悲伤、痛苦，后来可能是企盼、希望，最后可能只剩下辛酸与绝望。但是，即使是"泪尽胡尘"，遗民依旧"南望王师"。因为三万里黄河依旧奔腾入海，五千仞华山依然高耸入云，所以哪怕是"绝望"，遗民也只能望了一年，又望一年！在这短短的四句诗里，诗人对祖国的热爱，对敌人的痛恨，对朝廷的失望，对沦陷区人民的关怀，都直达学生的心灵深处，共鸣，共振。

2. "首—类"迁移比读

《文心雕龙·明诗》说："人禀七情，应物斯感，感物吟志，莫非自然。"[1] 清人叶燮曾说："诗是心声，不可违心而出，亦不能违心而出。"[2] 诗是诗人内心感受的表达。从这个意义上说，从一首到一类的迁移比读，达到"体会人物内心"的目的，并非一件难事。需要突破的是诗人内心表达的"一致性"，以及捕捉诗歌中对于人物"动作、语言、神态描写"的"比照度"。

比如，从陆游的《秋夜将晓出篱门迎凉有感》迁移至他的爱国诗篇，需要融合单元语文要素的关键点，完善四个基本环节。

一是聚焦这一个类别。陆游存世诗作九千三百多首，除了大量坚持抗金、抒发报国之志的诗篇外，也有部分描写田园风光和情感生活的诗篇，比如《游山西村》《沈园二首》等。此处，要聚焦其爱国诗篇这一类。

二是丰富这一个类别。陆游的爱国诗篇中，有的直抒胸臆，比如《书愤》《观大散关图有感》，以及他的绝笔诗《示儿》；有的简洁抒情，比如单元中的这一首，还有《哀北》《北望》等；还有的托物言志，陆游尤爱梅，写了大量歌咏梅花的诗词，自称其为"花中气节最高坚"，一首《卜算子·咏梅》广为流传。

三是内化这一个类别。在这里就要紧扣诗人爱国之心，从不同的诗篇中、不同的表现手法中，去体验诗人内心感受，并形成阅读共情，内化为自己的情绪实践和心灵感知。比如《示儿》"死去元知万事空，但悲不见九州同"的内心独白式语言表达，还有《北望》里"何时青海月，重照汉家营"的反诘式的扪心自问。

四是将这个类别与生活建立联系。诗是古代的诗，诗人是古代的人，但诗人和诗传递的情感却是鲜活的。迁移比读的最终目的是情感的落地生根，与儿童的现实生活、未来世界建立纽带。在这里，就是要引导与培养有中国心和民族魂的现代人，成就儿童的诗意人生。

三、由单首"辨式问读"走向"类—类"的统整比读

1. 单首"辨式问读"

"七绝圣手"王昌龄的这一首《从军行》（其四），前两句诗人先用广角鸟瞰——青海长云暗雪山，再用长焦聚焦——孤城遥望玉门关。与其说这景是作者"遥望"所见，不如说是作者心中所见，并由这心中所见之景，升腾起一种由内而外的责任感与自豪感：黄沙百战穿金甲，不破楼兰终不还。不禁想起四年级上册所读王昌龄的《出塞》（其一）的"但使龙城飞将在，不教胡马度阴山"的初心不改。另有本单元"日积月累"中的一首王之涣的《凉州词》，一句"羌笛何须怨杨柳，春风不度玉门关"写尽了征人的哀怨与悲凉。

由此，在品读《从军行》时，预设三问三读，叩击诗人内心：一问，龙城飞将不在，你又何必"不教胡马度阴山"？百战金甲已穿，你又何苦"不破楼兰终不还"？你读懂诗人内心在想什么呢？再引读"一片冰心在玉壶"。二问，为国安稳，"春风不度玉门关"，更难以到孤城，你怨不怨呢？为民平安，"春风不度玉门关"，也难以到孤城，你怨不怨呢？读懂诗人内心在想什么呢？再引读"一片冰心在玉壶"。三问，如果你来到玉门关外、孤城之上，你想对戍边战士说些什么呢？再引读"一片冰心在玉壶"。

带着思辨的三问三读，形成一条情感共鸣的主线，不断敲击和叩问学生的内心，同时也不断敲击和叩问诗人的内心，达成语文要素"体会人物的内心"的阅读主旨。

2. "类—类"统整比读

从诗歌分类角度而言，很难把本单元的这三首诗归到哪一"类"里。如《从军行》一诗，常归属在"边塞类"，但另外两首显然不是。但是以要素突破的维度来说，这三首诗都强烈地表达了诗人的爱国之心，可属通过人物言行表达人物情感的"爱国类"，这也非常吻合本单元的人文主题。从"类"到"类"，就是要让语文要素有核、有序、有联的发展，用教材统整的意识（见下表）关注要素的前勾后连、连点成线，同时把握好同一要素由浅入深、由易及难的发展梯度，确保实现"学"的整合

性、可持续性。

年级	篇目	人文主题	语文要素	课后习题
四年级下册第七单元	《芙蓉楼送辛渐》《塞下曲》《墨梅》	没有伟大的品格，就没有伟大的人，甚至也没有伟大的艺术家，伟大的行动者。	从人物的语言、动作等描写中感受人物的品质。	想想这些诗句表现了怎样的精神品格。
五年级上册第四单元	《示儿》《题临安邸》《己亥杂诗》	为什么我的眼里常含泪水？因为我对这土地爱得深沉……	结合资料，体会课文表达的思想感情。	再想想它们表达了诗人怎样的情感。
五年级下册第四单元	《从军行》《秋夜将晓出篱门迎凉有感》《闻官军收河南河北》	苟利国家生死以，岂因祸福避趋之。	通过课文中动作、语言、神态的描写，体会人物的内心。	再想想它们表达了诗人怎样的感情。
六年级下册第四单元	《马诗》《石灰吟》《竹石》	人生自古谁无死？留取丹心照汗青。	关注外貌、神态、言行的描写，体会人物品质。	三首古诗分别表达了诗人怎样的志向？

发现这四个单元的连贯性，可以帮助教师更好地统整比读。乌申斯基说："比较是一切理解和思维的基础，我们正是通过比较了解世界上的一切。"而对于情感的比读，学生更有直接感知的心理体验。因此，围绕诗歌表达的思想感情这一原核，在"体会人物内心"这一要素共生点上，创造性地推进由"类"到"类"的统整比读，可以让学生在学习活动中不断生成学习的意义。

总而言之，语文要素不是一种静止的、孤立的存在，语言和思维、审美、文化等因素的多元共生，可以促进学科核心素养互为支撑、协调发展。而在单元统整之下的要素突破式的群诗阅读，还要兼顾"三要"：

一要号思维的脉搏。诗词作为一种特殊的语言表达形式，与思维能力和思维品质有着千丝万缕的联系。群诗主题阅读更要善于运用分析、整合、思辨等多种思维方式，以实现思维能力发展和思维品质的提升。如《从军行》中"青海长云暗雪山，孤城遥望玉门关"一句，很好地体现了诗人思维的广阔性，而同样具有如此思维表现力的如《秋夜将晓出篱门迎凉有感》中"三万里河东入海，五千仞岳上摩天"。另外，如"秦时明月汉时关""黄河远上白云间"等。

二要亮审美的眼睛。唐诗、宋诗，两种不同的美：一个重情辞，嚷者无心，心贵空灵；一个重气骨，想者有意，意在理趣。如本单元中两位唐代诗人王昌龄和杜甫，一位是"诗家天子"，他的内心之美，就在于"一片冰心在玉壶"的初心不改；一位是"诗圣"，他的内心之美，就在于"安得广厦千万间"的悲悯之心。本单元中还有一位宋代诗人陆游，他是印象中唯一被冠以"爱国诗人"称号的一位爱国诗人，他的内心之美，就在于"零落成泥碾作尘，只有香如故"的报国之心。围绕着"诗人内心之美"展开拓展研读，让诗歌之美浸润学生之心，陪伴学生开启美的历程。

三要触人文的心跳。《义务教育语文课程标准（2011年版）》的"课程性质"强调："应使学生初步学会运用祖国语言文字进行交流沟通，吸收古今中外优秀文化，提高思想文化修养，促进自身精神成长。"入选教材的古诗词蕴含着中华优秀传统文化的精华，体现出文化传承的生生不息。如本单元的人文主题研读可以是"向英雄致敬"，也可以是"开学第一课"的主题"请党放心，强国有我"。词浅而情深，言近而旨远。"慢慢走，欣赏啊！"就一定能看见属于中华的文化自信！

朱光潜说："人须有生趣才能有生机。生趣是在生活中所领略得的快乐，生机是生活发扬所需要的力量。"[3] 把这句话借用到群诗主题教学上来也是一样的道理。群诗主题阅读主张在适合的时候，读适合的诗；在有趣的时候，有趣地读诗，就需要"生趣"和"生机"两个要素：生趣领略的是诗词诵读中要素突破的快乐，生机积蓄的是诗词诵读中生命成长的力量。

一句话，群诗主题阅读让人生与经典相伴，让经典成就诗意人生！

参考文献：

［1］刘勰. 文心雕龙［M］. 上海：上海古籍出版社，2015.

［2］壮亚芬. 从"不求甚解"趋向"当求正解"［J］. 小学语文教与学，2020（4）.

［3］朱光潜. 诗论［M］. 北京：北京出版社，2016.

附录4：

统编教材三至六年级古诗词教学"语文要素"一览

年级	篇目	人文主题	语文要素	课后习题
三年级上册第二单元	《山行》《赠刘景文》《夜书所见》	金秋的阳光，洒在树叶上，洒在花瓣上，也洒在我们的心上。	◎运用多种方法。理解难懂的词语。 ◎学习写日记。	1. 有感情地朗读课文。背诵课文。默写《山行》。 2. 这三首诗写的是哪个季节的景色？你是从哪些地方发现的？ 3. 结合注释，用自己的话说说下面诗句的意思。 ◇停车坐爱枫林晚，霜叶红于二月花。 ◇一年好景君须记，最是橙黄橘绿时。
三年级上册第六单元	《望天门山》《饮湖上初晴后雨》《望洞庭》《早发白帝城》	祖国，我爱你。我爱你每一寸土地，我爱你壮美的山河。	◎借助关键语句理解一段话的意思。 ◎习作的时候，试着围绕一个意思写。	1. 有感情地朗读课文，想象诗中描绘的景色。背诵课文。默写《望天门山》。 2. 结合注释，用自己的话说说下面诗句的意思。 ◇两岸青山相对出，孤帆一片日边来。 ◇湖光秋月两相和，潭面无风镜未磨。

（续表）

年级	篇目	人文主题	语文要素	课后习题
三年级上册日积月累	《所见》（第一单元）	美丽的校园，成长的摇篮，梦想启航的地方。	◎阅读时，关注有新鲜感的词语和句子。 ◎体会习作的乐趣。	
	《采莲曲》（第七单元）	大自然赐给我们许多珍贵的礼物，你发现了吗？	◎感受课文生动的语言，积累喜欢的语句。 ◎留心生活，把自己的想法记录下来。	
三年级下册第一单元	《绝句》《惠崇春江晚景》《三衢道中》《忆江南》（日积月累）	飞鸟在空中翱翔，虫儿在花间嬉戏。大自然中，处处有可爱的生灵。	◎试着一边读一边想象画面。 ◎体会优美生动的语句。 ◎试着把观察到的事物写清楚。	1. 有感情地朗读课文。背诵课文。默写《绝句》。 2. 结合诗句的意思，想象画面，说说三首诗分别写了怎样的景象。
三年级下册第三单元	《元日》《清明》《九月九日忆山东兄弟》	深厚的传统文化，中国人的根。	◎了解课文是怎样围绕一个意思把一段话写清楚的。 ◎收集传统节日的资料，交流节日的风俗习惯，写一写过节的过程。	1. 有感情地朗读课文。背诵课文。默写《清明》。 2. 这三首诗分别写的是哪个传统节日？写出了什么样的节日情景？

(续表)

年级	篇目	人文主题	语文要素	课后习题
三年级下册日积月累	《大林寺桃花》（第八单元）	有趣的故事，留下的不仅是开心的笑声，还有更多的思考。	◎了解故事的主要内容，复述故事。 ◎根据提示，展开想象，尝试编童话故事。	
四年级上册第三单元	《暮江吟》《题西林壁》《雪梅》	处处留心皆学问。	◎体会文章准确生动的表达，感受作者连续细致的观察。 ◎进行连续观察，学写观察日记。	1. 有感情地朗读课文。背诵课文。默写《题西林壁》。 2. 想象"一道残阳铺水中，半江瑟瑟半江红"的景象，用自己的话说一说。 3. 说说你对下列诗句的理解。 ◇不识庐山真面目，只缘身在此山中。 ◇梅须逊雪三分白，雪却输梅一段香。
四年级上册第七单元	《出塞》《凉州词》《夏日绝句》 《别董大》（日积月累）	天下兴亡，匹夫有责。	◎关注主要人物和事件，学习把握文章的主要内容。 ◎学习写书信。	1. 有感情地朗读课文。背诵课文。默写《出塞》《夏日绝句》。 2. 结合注释，说说下列诗句的意思。你从中体会到了什么？ ◇但使龙城飞将在，不教胡马度阴山。 ◇醉卧沙场君莫笑，古来征战几人回？ ◇生当作人杰，死亦为鬼雄。

附录 4

（续表）

年级	篇目	人文主题	语文要素	课后习题
四年级上册日积月累	《鹿柴》（第一单元）	江流天地外，山色有无中。	◎边读边想象画面，感受自然之美。 ◎推荐一个好地方，写清楚推荐理由。	
	《嫦娥》（第四单元）	神话，永久的魅力，人类童年时代飞腾的幻想。	◎了解故事的起因、经过、结果，学习把握文章的主要内容。 ◎感受神话中神奇的想象和鲜明的人物形象。 ◎展开想象，写一个故事。	
四年级下册第一单元	《四时田园杂兴》（其二十五）（梅子金黄杏子肥） 《宿新市徐公店》 《清平乐·村居》 《卜算子·咏梅》（风雨送春归）（日积月累）	纯朴的乡村，一道独特的风景，一幅和谐的画卷。	◎抓住关键语句，初步体会课文表达的思想感情。 ◎写喜爱的某个地方，表达自己的感受。	1. 有感情地朗读课文。背诵课文。默写《宿新市徐公店》。 2. 读下面的诗句，说说你眼前浮现出了怎样的情景。 ◇日长篱落无人过，惟有蜻蜓蛱蝶飞。 ◇儿童急走追黄蝶，飞入菜花无处寻。 ◇大儿锄豆溪东，中儿正织鸡笼。最喜小儿无赖，溪头卧剥莲蓬。

177

(续表)

年级	篇目	人文主题	语文要素	课后习题
四年级下册第七单元	《芙蓉楼送辛渐》《塞下曲》《墨梅》	没有伟大的品格，就没有伟大的人，甚至也没有伟大的艺术家，伟大的行动者。	◎从人物的语言、动作等描写中感受人物的品质。 ◎学习从多个方面写出人物的特点。	1. 有感情地朗读课文。背诵课文。默写《芙蓉楼送辛渐》。 2. 说说下面诗句的意思，再想想这些诗句表现了怎样的精神品格。 ◇洛阳亲友如相问，一片冰心在玉壶。 ◇欲将轻骑逐，大雪满弓刀。 ◇不要人夸好颜色，只留清气满乾坤。
四年级下册日积月累	《江畔独步寻花》（黄师塔前江水东）（第二单元）	蓝天、森林、大海，蕴藏着自然的奥秘，过去、现在、未来，述说着科技的精彩。	◎阅读时能提出不懂的问题，并试着解决。 ◎展开奇思妙想，写一写自己想发明的东西。	
	《蜂》（第四单元）	奔跑，飞舞；驻足，凝望。可爱的动物，我们的好朋友。	◎体会作家是如何表达对动物的感情的。 ◎写自己喜欢的动物，试着写出特点。	
	《独坐敬亭山》（第六单元）	深深浅浅的脚印，写满成长的故事。	◎学习把握长文章的主要内容。 ◎按一定顺序把事情的过程写清楚。	

（续表）

年级	篇目	人文主题	语文要素	课后习题
五年级上册第四单元	《示儿》《题临安邸》《己亥杂诗》	为什么我的眼里常含泪水？因为我对这土地爱得深沉……	◎结合资料，体会课文表达的思想感情。 ◎学习列提纲，分段叙述。	1. 有感情地朗读课文。背诵课文。默写《示儿》。 2. 读懂诗歌的题目有助于我们理解诗歌的内容。从三首诗的题目中，你能了解到哪些信息。 3. 结合注释和相关资料，说说下列诗句的意思，再想想它们表达了诗人怎样的情感。 ◇王师北定中原日，家祭无忘告乃翁。 ◇暖风熏得游人醉，直把杭州作汴州。 ◇我劝天公重抖擞，不拘一格降人才。
五年级上册第七单元	《山居秋暝》《枫桥夜泊》《长相思》	四时景物皆成趣。	◎初步体会课文中的静态描写和动态描写。 ◎学习描写景物的变化。	1. 有感情地朗读课文。背诵课文。默写《枫桥夜泊》。 2. 读一读，想象诗句描绘的景象，体会其中的静态描写和动态描写。 ◇明月松间照，清泉石上流。 ◇竹喧归浣女，莲动下渔舟。 ◇月落乌啼霜满天，江枫渔火对愁眠。 3. 借助注释，理解《长相思》的意思，试着体会作者的思想感情，和同学交流。
	《渔歌子》（日积月累）			

(续表)

年级	篇目	人文主题	语文要素	课后习题
五年级上册日积月累	《蝉》（第一单元）	一花一鸟总关情。	◎初步了解课文借助具体事物抒发感情的方法。 ◎写一种事物，表达自己的感情。	
	《乞巧》（第三单元）	民间故事，口耳相传的经典，老百姓智慧的结晶。	◎了解课文内容，创造性地复述故事。 ◎提取主要信息，缩写故事。	
	《观书有感》（其一）（其二）（第八单元）	旧书不厌百回读，熟读深思子自知。	◎根据要求梳理信息，把握内容要点。 ◎根据表达的需要，分段表述，突出重点。	
五年级下册第一单元	《四时田园杂兴》（其三十一）（昼出耘田夜绩麻） 《稚子弄冰》 《村晚》 《游子吟》（日积月累）	每一个人都有他自己的童年往事，快乐也好，辛酸也好，对于他都是心动神移的最深刻的记忆。	◎体会课文表达的思想感情。 ◎把一件事的重点部分写具体。	1. 有感情地朗读课文。背诵课文。默写《四时田园杂兴》（其三十一）。 2. 读下面的诗句，说说你眼前浮现出怎样的画面，体会其中的乐趣。 ◇童孙未解供耕织，也傍桑阴学种瓜。 ◇稚子金盆脱晓冰，彩丝穿取当银钲。 ◇牧童归去横牛背，短笛无腔信口吹。

（续表）

年级	篇目	人文主题	语文要素	课后习题
五年级下册第四单元	《从军行》《秋夜将晓出篱门迎凉有感》《闻官军收河南河北》《凉州词》《黄鹤楼送孟浩然之广陵》（日积月累）	苟利国家生死以，岂因祸福避趋之。	◎通过课文中动作、语言、神态的描写，体会人物的内心。 ◎尝试运用动作、语言、神态描写，表现出人物内心。	1. 有感情地朗读课文。背诵课文。默写《从军行》《秋夜将晓出篱门迎凉有感》。 2. 借助注释，说说下面诗句的意思，再想想它们表达了诗人怎样的感情。 ◇黄沙百战穿金甲，不破楼兰终不还。 ◇遗民泪尽胡尘里，南望王师又一年。 ◇白日放歌须纵酒，青春作伴好还乡。
五年级下册日积月累	《鸟鸣涧》（第二单元）	观三国烽烟，识梁山好汉，听取经艰难，惜红楼梦断。	◎初步学习阅读古典名著的方法。 ◎学习写读后感。	
	《乡村四月》（第七单元）	足下万里，移步换景，寰宇纷呈万花筒。	◎体会静态描写和动态描写的表达效果。 ◎搜集资料，介绍一个地方。	

(续表)

年级	篇目	人文主题	语文要素	课后习题
六年级上册第一单元	《宿建德江》《六月二十七日望湖楼醉书》《西江月·夜行黄沙道中》《过故人庄》（日积月累）	背起行装出发吧，去触摸山川湖海的心跳。	◎阅读时能从所读的内容想开去。 ◎习作时发挥想象，把重点部分写得详细一些。	1. 有感情地朗读课文。背诵课文。默写《西江月·夜行黄沙道中》。 2.《宿建德江》《西江月·夜行黄沙道中》都写了月夜的景色，表达的情感却不一样，结合诗句说一说。 3.《六月二十七日望湖楼醉书》每一句诗都是一幅画，说说你"看"到了怎样的画面。
六年级上册第二单元	《七律·长征》	重温革命岁月，把历史的声音留在心里。	◎了解文章是怎样点面结合写场面的。 ◎尝试运用点面结合的写法记一次活动。	1. 朗读课文，试着读出磅礴的气势。背诵课文。 2. 读一读，说说诗句的意思和表达的情感。 ◇五岭逶迤腾细浪，乌蒙磅礴走泥丸。 ◇金沙水拍云崖暖，大渡桥横铁索寒。 ◎阅读链接：《菩萨蛮·大柏地》

（续表）

年级	篇目	人文主题	语文要素	课后习题
六年级上册第六单元	《浪淘沙》（其一）《江南春》《书湖阴先生壁》	我们是大地的一部分，大地也是我们的一部分。	◎抓住关键句，把握文章的主要观点。 ◎学写倡议书。	1. 有感情地朗读课文。背诵课文。 2. 读读《浪淘沙》（其一），说说你从哪里体会到了黄河的磅礴气势。 3. 想想《江南春》抓住哪些景物写出了江南春天的特点。 4. 读读下面的诗句，说说你发现了什么。 一水护田将绿绕， 两山排闼送青来。
六年级上册日积月累	《春日》（第三单元）	读书好比串门儿——隐身的串门儿。	◎根据阅读目的，选用恰当的阅读方法。 ◎写生活体验，试着表达自己的看法。	
	《回乡偶书》（第四单元）	小说大多是虚构的，却又有生活的影子。	◎读小说，关注情节、环境、感受人物形象。 ◎发挥想象，创编生活故事。	

（续表）

年级	篇目	人文主题	语文要素	课后习题
六年级下册第一单元	《寒食》《迢迢牵牛星》《十五夜望月》《长歌行》（日积月累）	百里不同风，千里不同俗。	◎分清内容的主次，体会作者是如何详写主要部分的。 ◎习作时注意抓住重点，写出特点。	1. 有感情地朗读课文。背诵课文。 2. 结合牛郎织女的故事，说说《迢迢牵牛星》表达的情感。 3. 《十五夜望月》中的"不知秋思落谁家"委婉地表达了思念之情。在你读过的古诗词中，还有哪些类似的诗句？和同学交流。 ◎选做 这三首古诗分别与哪些传统节日有关？还有一些古诗也写到了传统节日和习俗，查找资料了解一下。
六年级下册第四单元	《马诗》《石灰吟》《竹石》	人生自古谁无死？留取丹心照汗青。	◎关注外貌、神态、言行的描写，体会人物品质。 ◎查阅相关资料，加深对课文的理解。 ◎习作时选择适合的方式进行表达。	1. 有感情地朗读课文。背诵课文。默写《竹石》。 2. 借助注释，说说下面诗句的意思。 ◇何当金络脑，快走踏清秋。 ◇粉骨碎身浑不怕，要留清白在人间。 ◇千磨万击还坚劲，任尔东西南北风。 3. 三首古诗分别表达了诗人怎样的志向？表达的方法有什么共同特点？

（续表）

年级	篇目	人文主题	语文要素	课后习题
六年级下册古诗词诵读	《采薇》（节选） 《送元二使安西》 《春夜喜雨》 《早春呈水部张十八员外》 《江上渔者》 《泊船瓜洲》 《游园不值》 《卜算子·送鲍浩然之浙东》 《浣溪沙》 《清平乐》			